U0684268

王彦月 ◎ 著

花的念想

幼儿园里的小美好

中国大百科全书出版社　　知识出版社

图书在版编目（CIP）数据

花的念想：幼儿园里的小美好 / 王彦月著 . -- 北京：知识出版社，2021.9

ISBN 978-7-5215-0418-7

Ⅰ.①花… Ⅱ.①王… Ⅲ.①幼儿园—生活 Ⅳ.① G61

中国版本图书馆 CIP 数据核字（2021）第 171389 号

花的念想：幼儿园里的小美好

王彦月　著

出 版 人	姜钦云
图书统筹	王云霞
责任编辑	易晓燕
责任印制	吴永星
版式设计	博越创想
出版发行	知识出版社
地　　址	北京市西城区阜成门北大街 17 号
邮　　编	100037
网　　址	http://www.ecph.com.cn
电　　话	010-88390659
印　　刷	北京一鑫印务有限责任公司
开　　本	710mm×1000mm　1/16
印　　张	21.5
字　　数	286 千字
版　　次	2021 年 9 月第 1 版
印　　次	2023 年 3 月第 2 次印刷
书　　号	ISBN 978-7-5215-0418-7
定　　价	60.00 元

艾瑞德教育丛书编委会

主　任：孙银峰

副主任：李建华

委　员：（按姓氏笔画排序）

王　冰　　王彦月　　王婷玉　　朱明慧　　刘　森

刘浩然　　闫　娟　　孙　超　　杜　静　　李　瑞

李丹阳　　陈　琳　　陈　颖　　张秋英　　苗玲玲

孟　晓　　项兆娴　　龚　涛　　黄冬燕　　符　君

韩董馨

善者因之：艾瑞德的教育哲学

郑州高新区艾瑞德国际学校，注定是个故事。她是春天的故事，带着温度，沐浴在春天灿烂的阳光里。

她诞生在 2011 年的春天里。那年，中原大地春意盎然，洋溢着无限的希望。

十年了，一个又一个好故事发生在校园，满满的，可校园里已装不下了。这本书将带着这些故事，再次在校园里传播，然后飞向中原大地，飞在祖国的四面八方。

故事意味着时间。时间具有一种伟力，去伪存真、抑恶扬善，在时间的怀抱里，新生幼态潜力无限，逐渐成长壮大。如今，艾瑞德长大了，健壮了，潜力更加无限。

故事意味着回忆。在一次闲聊中，海明威的妻子对海明威说："回忆也是一种饥饿。"是的，十年的淘洗，那些故事开始澄明、沉淀。每当回忆涌起，过往的一切都让我们急切地想去拥抱和分享，这是情感饥饿似的需求。这样的回忆形成可贵的集体性记忆，这是文化的记忆。

故事意味着想象。想象是创造的先导，只有想象尚未抵达的地方，没有想象不可抵达的地方。十年的办学，十年的创造，十年的想象……正是在想象中，艾瑞德更加宏大、辽阔，也正是在创造中，艾瑞德更加明亮、美好。

我去过艾瑞德好多次，有参观，有研讨，有学期结束会、新年会……总觉得艾瑞德是个大家庭，是个处处有故事的地方。学校提出的教育理念——"走自然生长教育之路，办有温度有故事学校"，已成为生动的事实。但是，我又总是觉得，对艾瑞德的认识只到此为止又是很不够的。温度来自哪里？故事为何诞生？大家庭究竟怎么形成？这些问号深处藏着什么样的答案？我总在思索和找寻着。

其实，答案早就摆在那里："太史公曰：故善者因之，其次利道之，其次教诲之，其次整齐之，最下者与之争。"这是中国哲学的一种表达，表达的是价值链条上的排序，排在最前列、最重要的是"善者因之"。学校创始人孙银峰先生，校长李建华先生对此都有准确的解读："每一个人成为善者、向好之人，以达无须提醒的自觉、不言而喻的遵守。""善者，是温度的凝聚，是故事的升华"，"向善、求善、为善，是我们共同的教育愿景，引领着艾瑞德的每一位老师。"这就是艾瑞德的教育哲学。"善者因之"这一哲理深植于中华优秀文化土壤中，映射出中华文化的本色与亮色：追求伦理道德，塑造中华民族之德和以仁爱为核心的文化心理结构。作为一所国际学校，能立足中原大地，能扎根中国文化，体现了他们的文化自信与文化自觉。正是这样的教育哲学，铸造了艾瑞德的中国根、民族魂和文化脊梁。他们从文化的视角诠释了何为"国际学校"以及办好"国际学校"的真正密码是什么。

从"善者因之"出发，不难理解，艾瑞德学校正在探索落实"立德树人"这一根本任务的途径和方式。在艾瑞德，"立德树人"有个重要的文化出发点，它也是校本化的哲学基础，即善者因之。在艾瑞德，"立德树人"

有自己的切入口和突破口，而这切入口、突破口正是文化的生长点、教师教育哲学的关怀点与提升点，是艾瑞德十年办学经验的凝练，也是艾瑞德的文化制高点。艾瑞德的故事总名称就是"善者因之"。

"善者因之"，对校长而言，意味着什么？抑或说对校长有什么要求？可以从"善者因之"开拓出去，用歌德的话来阐释："给我狭窄的心，一个大的宇宙。"心是狭小的、狭窄的，但心胸是广大的、宏大的，好似"一个大的宇宙"。李建华校长正朝着这一方向不断努力。他将艾瑞德装在心里，将每一位教师、每一个孩子都装在心里，把全身心都献给了艾瑞德。那"校长60秒"的每一秒，那家校合作的"相约8：30"中校长表扬电话的每一分，都是一次善的唤醒与激发。校长是有温度故事的设计者、组织者和创造者。

"善者因之"，对教师而言，意味着什么？抑或说对教师有什么要求？同样，可以从"善者因之"开拓出去，用雪莱的话来阐释："道德的最大秘密就是爱。"《哈利·波特》的作者J. K. 罗琳说："爱是一种最古老的魔法。"确实，中华文化中的伦理道德是以仁爱为核心的。艾瑞德的几乎每一个教师都是爱的守护神，不，他们就是爱的天使，把真诚、无私的爱洒向每一个孩子，无论是幼儿园的，还是小学部的；无论是学习成绩好的，还是学习暂时有困难的；无论是家庭背景好的，还是家庭背景特殊的……爱是平等的、公平的、不求回报的。爱又的确像魔法，使孩子变得文明起来、聪明起来、勤劳起来、善良起来、健康起来。艾瑞德的故事的确是爱的故事，而爱的温度可以传递，让整个艾瑞德都变得温暖、光明、美丽。总有一天，艾瑞德的孩童将带着"爱的魔法"走向人生，走向社会，走向世界，为人类做出爱的奉献。

"善者因之"，对学生而言，意味着什么？抑或对学生有什么要求？同样，可以用马克思的话来阐释："只有在共同体中才有可能有个人自由。"艾瑞德是个共同体，是冬天的火炉，是幸福的港湾，是精神的家园。共同体有共同的理想，艾瑞德孩子们的共同理想就是爱国、强国、报国，为成为可以担当民族复兴大任的时代新人打好基础。共同体有共同的规则，大家都遵守规则，大家也就都自由了。自由是创造的保姆，艾瑞德成了儿童创造的王国，创新精神、实践能力在校园里已长成了小树，将会长成一大片森林。

当然，还可以追问家长："善者因之"对你们而言究竟意味着什么？对新时代的家长提出了什么新的要求？艾瑞德的家长已交出了精彩的答卷，他们会讲出有温度的"春天的故事"。

为郑州艾瑞德国际学校建校十周年，我写了以上的话。不是谦虚，这篇文章没有书中的文章写得好，但我坚信"善者因之"。我也会变得更好。

谢谢艾瑞德创办人孙银峰先生，谢谢李建华校长，谢谢所有的教师和孩子。祝福你们，祝福艾瑞德的下一个十年！

成尚荣

（国家督学，教育部基础教育课程改革专家委员会专家，中小学教材审查专家，中国教育学会学术委员会顾问）

目录

第二章 教师篇

第三章 活动篇

第四章 家长篇

第六章

思考篇

附录

『艾瑞德岁末盘点·字述 2019』

第一章

幼儿篇

别怕，哥哥在

每个学期的开学，幼儿园里都会迎来一批新的小萌娃，伴随着小萌娃们一起到来的，还有那撕心裂肺的"我要找妈妈""我要找爸爸""我要找奶奶""我要找姥姥"的哭喊声。这些哭喊声，也形成了幼儿园每次开学时最具独特的曼妙乐曲！

但渐渐地，开学初的哭声少了，仔细观察才发现，原来幼儿园里多了许多温馨的画面。

画面一

小班教室里，新入园的熙熙在桌前安静吃饭，不哭不闹。我正诧异时，看到了坐在一边的大男孩，那是读大班的哥哥恩熙。

了解后才得知，熙熙上学时，因为不愿和爸爸分离，便大哭了起来。恰巧从走廊经过的哥哥恩熙听到哭声便跑了过来。哥哥拍拍妹妹的肩膀说："别哭了，哥哥也在这里上学！""我陪着你吃早饭吧！"妹妹听了哥哥的话很快便停止了哭泣。于是，两个人守着桌子的一角开始了早饭时光。因为有了哥哥的陪伴，脸上泪珠还未干的妹妹露出了笑脸。

画面二

我走进中班的教室，一群孩子欢呼着奔向我，都想让我抱。唯有一个身影原地不动，还疑惑地看向我。我走近一看，也觉得脸生，一旁的孩子们喊叫着告诉我："他是文博的弟弟文浩，不是我们班的小朋友。"我问为什么他会在这里，孩子们叽叽喳喳地说："他不想去小班上学。"

经过了解我才得知，文浩第一天入幼儿园时，哭闹情绪曾一度难以控制。户外活动，看到了哥哥文博的身影，弟弟便追赶着玩了起来。户外活动结束，弟弟跟着哥哥的脚步来到了哥哥的教室里。而作为哥哥的文博也主动陪伴起了弟弟，俩人一起拼积木、一起读故事书，玩得不亦乐乎！因为有了哥哥的陪伴，弟弟也爱上了上学的每一天。

有了哥哥的陪伴，弟弟妹妹的上学路少了哭泣，多了甜蜜。也因为有了这些哥哥的陪伴，幼儿园里也多了许多温馨的画面。

在求学之路上，有哥哥的陪伴，真好！

这是姐姐的学校啊

2017年8月28日，伴随着孩子们"我要找妈妈""我要回家"的哭喊声，新学期开始了。小班的瞳瞳已升入中班，瞳瞳的弟弟帆帆也走进幼儿园的大门，成为一名小班的小朋友。与众不同的是，面对哭得撕心裂肺的小伙伴，帆帆表现得似乎很淡定，该吃饭吃饭，该玩耍玩耍，丝毫不受小朋友们哭声的影响。

每天早上，校门口都会看到一个个被爸爸背着、被妈妈拉着、被爷爷奶奶抱着还不愿意入园的小宝贝；在小班教室门口，家长准备离开时，一个个小朋友哭得惊天动地，家长也心情低落……我对此已经习以为常，所以，这回发现了入园后一直很"淡定"的帆帆，感觉有点儿意外，于是，特意坐在帆帆身边，和他聊了起来。

"帆帆，你知道这是哪里吗？"

"这是姐姐的学校啊。现在，我也可以在姐姐的学校上学了。"眨巴着小眼睛的帆帆开心地说。

原来，到姐姐的学校上学一直是帆帆的小梦想啊！听到这么开心的回答，我猜想，可能是上学前爸爸妈妈在家给他做过不少工作。带着好奇和疑问，在一次放学时间，我见到了来接两个宝贝的妈妈，便和妈妈聊了起来，也把心中的疑问和妈妈说了。妈妈便和我分享了家有两个宝贝的趣事以及两个宝贝在成长过程中的小故事：

故事一：

弟弟出生前，家里只有瞳瞳一个孩子，好吃的、好玩的都是瞳瞳的，所以，瞳瞳也就养成了不爱分享的习惯，每次有其他小伙伴想要玩一下她的玩具或分享一点儿点心，瞳瞳都不愿意。瞳瞳一岁时，弟弟的到来让这一现象得到了改变。每次有好吃的，瞳瞳都会往弟弟的嘴巴里喂，一直到现在，姐弟两个一直保持着爱分享的好习惯，每次带瞳瞳或帆帆出去买东西，他们都会拿两份，一份给自己，一份给姐姐（弟弟）。看来，很多习惯的养成不需要大人刻意去教，给孩子一个同伴时，他们自然就会养成分享的好习惯。

故事二：

瞳瞳上幼儿园后，没有了姐姐陪伴玩耍的帆帆，在家里出现了从未有过的焦虑。只要瞳瞳上学去了，帆帆就会不开心。于是，每天下午接姐姐放学的时间，爸爸或者妈妈就带帆帆一起去，久而久之，接姐姐放学成了帆帆一天中最开心的事。每天下午，帆帆和爸爸或妈妈一起到幼儿园接姐姐，再和姐姐并肩回家，帆帆感觉像分开了很久一样。瞳瞳也会耐心地和弟弟分享学校里的趣事："弟弟，今天我们在学校画了小手，把我的这只手放在纸上，这只手拿着笔画就可以了。"瞳瞳让妈妈拿来白纸，把帆帆的手放在纸上，开心地画了起来。瞳瞳在学校学了歌曲和跳舞，回家后都会教给弟弟。这样，还未到入学年龄的帆帆，就对幼儿园很向往了。

故事三：

新学期开学，帆帆入园啦。每天早上，爸爸或妈妈都会左手一个、右手一个，牵着瞳瞳和帆帆的手，把他们送进校园。面对刚入学的同伴的哭喊声，帆帆却表现得很平静，因为在帆帆的心里，这个幼儿园里有姐姐在。

不久后，幼儿园开展了大手拉小手的活动，鼓励孩子们自己从学校大门口，穿过大大的广场，走过长长的丹山路，来到幼儿园，进到自己班。活动开始的第二天，瞳瞳就和爸爸约定，要自己走到教室去。帆帆看姐姐不让爸爸送，自己也不让爸爸送了，背着小书包，跟在姐姐身后，一步一步向幼儿园的方向走去。到达幼儿园一楼，瞳瞳把弟弟送到了小一班的教室，说了一声"再见"，随后转身上二楼，去了自己班。不放心的爸爸在5米远的地方悄悄观望，直至看到两个孩子进到班里才放心离开。几天的观察下来，爸爸发现瞳瞳每次都很关心身后的弟弟，还拉着帆帆的手，爸爸也就放心，不再悄悄跟着了。

每次户外活动时间，瞳瞳和帆帆都会见面，帆帆大喊一声"姐姐"，两个人相视一笑，张开双臂奔向对方，来个拥抱，再握一握手，温馨又美好。在瞳瞳的带领下，帆帆成了幼儿园独自从学校大门口走向教室的最小的宝宝！

每天早上，校园里的丹山路上，多了一对有说有笑、一蹦一跳、手拉手一起走的姐姐和弟弟，少了一位边走边哄、左手牵姐姐、右手牵弟弟送孩子入园的爸爸。拉着弟弟的手，瞳瞳学会了担当，每天早上先把弟弟送进班级，自己再走，还不忘来一句："弟弟，你听话。下午放学，我来接你一起回家。"牵着姐姐手的帆帆，从没有入园焦虑，每天和姐姐一起上学成了帆帆最开心的事。

（原载于《教师月刊》2017 年 11 月刊）

大手牵小手

　　每年的开学季，总会有各种温馨的画面出现在幼儿园。有大班的孩子护送刚入园的萌娃们进班的，还有哥哥姐姐到小班帮助弟弟妹妹穿衣服的，更有大班的孩子为哭闹的小班孩子送去甜蜜棒棒糖的……

　　9月初的一天上午，二楼走廊上，中班的孩子们整齐地排列着队伍，个个手中拿着饼干、糖果、海苔等美食。本以为他们班要开美食分享会，结果一打听才知道，原来是要去小班里认识新来的小朋友。我忍不住内心的好奇，便和孩子们聊了几句。

　　"为什么要和新来的小朋友分享好吃的啊？"

　　怀子棋郑重其事地告诉我："因为去年我刚来的时候，有哥哥姐姐给我们分享好吃的。菲儿姐姐不仅给我分享了好吃的，还带我在校园里玩了游戏，所以我就很喜欢幼儿园了。今天，我也要像菲儿姐姐一样，给弟弟妹妹分享好吃的，再和他们一起做游戏。"一个4岁萌娃的话语瞬间令我语塞。没想到，一个看似不起眼的联谊活动，竟然给小小年纪的他留下如此深刻的印象。看着他手中拿着的饼干，感受着他迫不及待到小班去的心情，除了点赞，我别无其他。

　　跟着王婷玉老师的脚步，大家很快就到了小班的教室。每个小朋友都找到了一个弟弟或妹妹，并做了相互介绍。"我的妹妹叫果果。""老师，我们两个都叫桃桃！""老师，你看我比妹妹还高呢！"一瞬间，原本有阵阵哭声的教室充满了欢笑声。

愉快的分享时间到了，中班的孩子们拿出了早已准备好的零食，和身边的弟弟妹妹说着："弟弟别哭了，给你糖果，可甜了！""妹妹，这个山楂可好吃啦！"分享完了美味的食物，孩子们还大手拉小手，一起走向了户外，开启了户外游戏。

"哎呀，弟弟，你别跑呀！"

"这个妹妹太调皮啦……"

"来，牵着我的手。"

"泡泡糖，粘哪里？粘头发、粘肚子、粘鼻子、粘小手。"

游戏结束，在哥哥姐姐的护送之下，弟弟妹妹开心地回到了教室。临分别时，棋棋说："再见，言语妹妹，我明天还来找你玩。"而小班的老师们也邀请道："谢谢哥哥姐姐，希望你们每天都来。"

大手牵小手，在幼儿园里走一走，让中班的孩子们感受到了成长的欢乐，也让小班的孩子喜欢上了上学。明年此时，且看被呵护的孩子们如何去呵护新朋友吧！

我给老师请个假

请假，是日常工作里再平常不过的事了。对于大家的请假申请，我通常会亮起绿灯。因为心里明白，若无特殊事由，老师一定不会舍得离开班里的孩子。可今天，批假这个事，却成了难题。

事情的来由是这样的：早饭后，我走在走廊上，遇见了妞妞。她是大大班的小朋友，却在小（2）班的教室忙得热火朝天。不一会儿，就看到她端着一盆待洗的餐具跟在保育员刘俊霞老师的身后走出了教室。出于好奇，我便决定问个究竟。

"妞妞，你怎么会在这里呢？""园长阿姨，我在帮刘老师送餐具，她每天照顾小班的弟弟妹妹们，太辛苦了。"看着她们一前一后的身影，不觉一股暖流涌入心底。临别时，妞妞还补充一句："园长阿姨，我等会去办公室找你。"果不其然，我刚回办公室，妞妞便走了进来。我夸她长大了，会帮刘老师干活了，还给她讲了她小时候的故事。

三年前，妞妞刚到幼儿园上学，连话都说不顺溜。在幼儿园里，见到女士就叫"妈妈"，见到男士就叫"爸爸"。初上学时，哭闹不止，是刘老师耐心地陪着她，陪她吃饭，陪她睡觉，陪她玩，陪她乐。妞妞眨巴着眼睛告诉我，刘老师对她的好，她都记得。现在，刘老师去照顾刚上幼儿园的弟弟妹妹，她也会常常去看看刘老师，帮刘老师捶捶背，哄小弟弟小妹

○ 花的念想：幼儿园里的小美好 ●

妹，帮刘老师送餐具等。妞妞听着听着脸色变了。只见她略有不悦地说："园长阿姨，我找你，是想给刘老师请个假。"猛地听到，我还以为是自己听错了，但妞妞肯定的眼神告诉我，她说的就是这个事。问她为什么，她告诉我："刘老师照顾弟弟妹妹很辛苦。前几天，刘老师的嗓子都哑了，说不出话来了。"妞妞的话确实属实，面对小班娃娃们的哭闹情绪，老师们顾不得照顾自己，嗓子嘶哑的不止刘老师一个。

看我没说话，妞妞继续说："你就给刘老师批一天的假吧，求求你了！"那一副可爱的脸庞，让人难以拒绝，却也打心底里佩服一个小妞的力量。我答应她，如果刘老师需要休息，我可以批这个假。见我同意，妞妞便蹦跳着满意地离开了。

走出办公室，我见到了刘老师，和她讲了妞妞找我替她请假的事。刘老师告诉我，妞妞早就说让她请假休息了，只是班里的孩子们都需要她的照顾，自己也觉得没请假的必要，就没说过此事。刘老师还告诉我，来了幼儿园工作，才感受到了许多以前从未感受到的快乐。之前的工作，大家忙前忙后，忙完了也就散伙；而现在，因为和孩子们在一起，累点儿苦点儿都不算什么，因为孩子们带给她的感动实在太多。之前班里的孩子们都去上了小学，在校园里见了还是会很亲切地打招呼。唯一留在幼儿园的妞妞，每天都要去看她好多次，还帮着她一起干活。现在，班里的孩子们已经适应了幼儿园的生活，可爱的笑脸萌化心田。

听着刘老师的分享，感受着她的欢乐的同时，我也告知她可以请一天假休息一下，可刘老师告诉我："不用请假，孩子们需要我！"

爱，是神奇的存在。付出，就一定会有收获。

从孩子的兴趣出发

新学期开学会议上，高岩老师在分享中班组主题课程经验时，曾有这样的一段话：在一次家长课堂中，借助完完爸爸的帮助，中班组的孩子们曾一起到荥阳郑州西站高铁站体验了高铁的飞驰而过以及乘坐高铁前的一系列安检工作。从那一天起，班里的孩子常会说，长大了要做一名高铁乘务员，一探高铁工作的神秘。

在刚刚过去的新年假期，有不少孩子在爸爸妈妈的带领下，乘坐不同的交通工具，去往了不同的城市游玩。所以，在商讨新学期的主题时，师生以刚过去的假期趣闻为突破口，进行了一场积极的讨论。孩子们如此回答："我坐高铁去武汉了。""我坐飞机去国外了。""我在武汉看到了轮船，轮船是在水里的。"

当然，也有的孩子在这个假期里没有远行，对于伙伴的分享羡慕不已。看着孩子们对于乘坐飞机、高铁等交通工具的讨论热情不减，老师们也决定从孩子的这一兴趣点着手，把新学期主题定为《交通工具》。

很快，在中班的教室里，围起了黑色跑道。打听才知道，那是孩子们一起制作的"道路"，而孩子们告知那些道路是"长椿路"和"科学大道"。因为爸爸妈妈每天在送自己上学时，总会经过这些路。

在教室里布置路的同时，孩子们还思考了一个问题：路上会有哪些车辆经过？一番讨论后便得出了结果：公交车、洒水车、三轮车、小轿车、摩托车、电动车等。班里的苗晓洁老师介绍，结合孩子们的讨论，老师正在筹划带孩子们走出校门，去这些路上实地看一看是否有那些车辆，找一找还有什么是没想到的。

孩子们听说要出去看真实的长椿路、科学大道，开心极了！如何保护好自己？如何过马路？如何看红绿灯？孩子们在自发的组织下对这些问题展开积极地讨论。中班组的孩子们讨论得热火朝天、兴致勃勃。老师还没想到的办法，孩子们已开始付诸行动了。对于学习这件事的高度热情，也让《交通工具》的学习一路轻松而又愉悦。

除了中班组之外，幼儿园其他年级组也开展了丰富多彩的主题活动：小班组关于"水"的奥秘探索之路也已经开始了，面对我们每天要喝水，用水洗手，孩子们喜欢玩水的特点，这个学期里，大家将一起探索水的奥秘；小快班组从上学期的空间形状大碰撞到"房子"，也是源于孩子们发现在教室里有各种不同的形状，还发现房子与房子之间也有许多的不同；大班的孩子们开始对时间有了概念，鉴于此，以时间为切入口，开始了探索和学习，已经种下的小花种，会随着时间的推移慢慢发芽、长大，在呵护花朵的同时，感受时间的流逝，亦是一段曼妙的旅程！大大班在仅剩下的最后一个学期的幼儿园生活中，开启了向着小学生活出发的学习和探知，有了提前的深入学习，孩子们的小学生活一定会更加美好！

当教育从孩子们的兴趣出发，教育也有了生命感；当教育从孩子们的兴趣出发，童年也更加有了意义！教育，从孩子的兴趣点出发，让孩子做教育的小主人。

一张投票卡的故事

　　苗晓洁老师的公众号里推出了一篇名为《投票卡的诞生》的文章，读来颇有意思。面对新主题的选择，孩子们的想法可谓是五花八门，除了《纸的世界》和《多种多样的纸》以外，还提出了四种备选的主题：天天和毛豆等四人提出《太空》，美琪提出了《花》，泥宝、泽泽提出了《实验》，睿睿提出了《画画》。面对这般的奇思妙想，可真是难为了老师，到底该选择哪一个才好？思虑之后，大家决定用投票的方式来决定。

　　可孩子们又来了新的疑问：怎么样才能让别人一眼看出这票是我投的？最终，结合老师提供的素材，孩子们选择了制作属于自己的"投票卡"。苗晓洁老师的文章里如此记录："当拿到材料后，孩子先是将卡纸变成自己想要的形状：心形、圆形、汽车形、三角形、长方形等，接着，将自己的照片贴上，又将自己想要投选的主题内容进行了绘画。就这样，投票卡诞生了。"一张张小小的投票卡，承载着孩子们的心之所向，也承载着孩子们的自主权利。绘制投票卡的过程，是孩子们自主选择探究主题的心路历程。

　　随着对主题课程的潜心学习和钻研，老师也越来越多地选择"放手"，把更多的权利"还"给孩子。这份"还"，不是简单意义上的"给予"，而是将课堂的构建融入了孩子们的想法。探索新事物的过程是否美好？在新事物里，我想要了解到什么元素？我想要收获到什么样的成果？或许，都是孩子们在选择主题时会思考的话题。这份"还",不是简单直白地告诉学生要学什么要做什么,而要让孩子自己在亲历过程、获得归纳感悟中寻找出期待的结论。

音体教室里,大班组的孩子们欢聚一堂,每个人的手中都拿着一张各具特色的"投票卡"。出于好奇,我走近孩子们的身边一探究竟。孩子们欢呼地告诉我:

"我要选择线,我想知道为什么会有那么多线?"

"我要选择好玩的纸,因为纸可以叠东西。"

"我想选择问号,因为我不知道该选择什么!"如此,等等。

在苗晓洁老师的讲解之下,孩子们一一上台,投出了自己宝贵的一票。最终关于"线"的主题获得最高分。音体教室内,欢呼声顿时飞起。楼梯上,一群孩子扑向我,说这次的主题课程是自己选择的,那股兴奋劲,仿若囊获了国际大奖一般。遥想几年前,以教师教授为主的教学模式也曾是我们教育的主旋律,而老师备课敷衍、孩子厌恶上学的现象时有发生。

教学改革一路走来,从摸索到践行,从被动接收到自我探究,可谓是一场革命。庆幸的是,这条革命大道,我们走出了新样态。孩子自主选择的主题,探究也有了浓厚的兴趣,课堂还给了孩子,教育也有了新的生机。

成长,是一场爱、尊重与懂你的历程。

最美护送路

　　每天早上，从学校蔷薇之门处到幼儿园的路上，总会有许多小手牵着小手的温馨画面。若不留意，人们一定会觉得那是好朋友之间的约定，实则不然。因为那是许多大年龄段的孩子自发自觉形成的护送队伍。

　　2020年，受疫情影响，家长被挡在了校门之外。每天早上，与爸爸妈妈挥手作别后的萌娃们要自己前往幼儿园。对于大班及以上的孩子们而言，这段路不算长，可对于小中班的孩子们而言，这段路也不算短。起初，由陈铭阳老师、贾东辉老师以及班级老师组成的护送队伍每天早上在往返中忙碌着。渐渐地，路过门口的高年级孩子顺手牵起恰巧路过的弟弟妹妹，并将其护送至幼儿园。就这样，小手牵小手的风景一天天在校园里多了起来。

　　再后来，许多大班的哥哥姐姐也自发自觉地加入了护送的队伍，管理、妞妞、邵省燊、弟弟、可欣等成了护送路上的"常驻"人员。一大早，这些孩子就早早地就来到了幼儿园，与老师们一起，守候在校门口。每每有小年龄的弟弟妹妹入园，他们总是开心地冲向前去，并牵起手领进幼儿园。"我来带你进幼儿园吧！""我是大一班的哥哥，你是哪个班的啊？"

　　一边走、一边聊，他们虽然也大不了几岁，但护送起来也有模有样的。出于好奇，我在这条并不长的路上拦下了来来往往的管理小朋友，想要采访一下他的护送心得。

"管理,护送弟弟妹妹辛苦吗?"

"不辛苦!"

"我看你都来来回回跑了好几趟了,不累吗?"

"不累不累,一点儿都不累。"只见他一边牵着小朋友的手前行,一边欢快地蹦跳着。

"我觉得护送弟弟妹妹很好玩。"还没等我开口,管理继续说着。

就在这时,走在不远处的弟弟大声喊着:"我小时候,每天都是姐姐送我回班,现在我长大了,也可以保护弟弟妹妹了。"

看着他们开心的样子,我没有再追问下去,因为答案已经清晰明了。尽管来回奔波,尽管往返一趟又一趟,但护送后的开心和快乐早已冲淡一切。

孩子们的护送队伍日渐壮大,老师们看在眼里,喜在心里。为了更好地将这种奉献精神在幼儿园里传递下去,符君老师组织策划了"护送小组",还为孩子们量身定做了绶带。期待着这条并不长的路途上,有更多亮丽的护送风景。

因为护送,让校园里多了一道亮丽的风景;因为护送,这条本不算长的路成了最美的路。最美护送路,有天使在行动!

艾宝的新衣服

　　幼儿园里有个智能机器人，名叫"艾宝"。每一天，从艾宝身旁路过的孩子们除了打招呼之外，还会凑过来看看、抱抱、摸摸。依据季节的变换，艾宝的衣服也会随之而变。

　　进入冬季，艾宝的衣服照例要进行更换，这次负责换衣服的变成了幼儿园的小朋友们。有的孩子从家里带来了自己不能再穿的衣服，还有的孩子带来了围巾，更有孩子带来了毛茸茸的发卡。据说，孩子们还请老师把另外一个同比例的艾宝形体带进了教室，测量腰围、搭配款式，忙得不可开交。几番忙碌，相互配合，他们终于给艾宝穿上了这套令人眼前一亮的新衣。

　　有了这套新衣的艾宝，也迎来了更多小朋友的驻足欣赏。

　　"艾宝，你的衣服好漂亮啊！"

　　"艾宝，你也和我们一起过新年啦？"

　　"艾宝，我想和你拍个照片，可以吗？"

　　"艾宝，新年快乐啊！"

　　因为这样的对话，曾一度让大厅出现了"拥挤"的现象！

　　一套新衣，让孩子们与艾宝之间的对话又丰富多彩了一些，让幼儿园里的欢乐也多了一些！我再次深深地体会到，当初老师们在研讨幼儿园八小景观时把艾宝作为校园一景的用心。在一段时间的相处之后，艾宝已经成为孩子们中间无比重要的一员，而透过与艾宝的对话，孩子们也在感受着科技的先进与时代的发展。

人工智能时代的到来，为我们的工作和生活带来了不少的便利，当然，也带来了不少的"不可思议"。面对挑战，作为学校群体，该如何应对呢？屏蔽一定不是办法。很开心，学校斥巨资引进了机器人艾宝。她的到来，实现了人机对话，也让校园有了更多的可能。

或许，今天生活在校园里的孩子在未来的某一天里就会与这样的一台"机器"一起工作，人机如何和谐相处，也会成为他们生活中重要的组成部分。好在艾瑞德校园里的孩子们拥有了"先机"。

艾宝的衣服随着季节、节日的更替而产生变化，而每一套新衣服的背后，都是孩子们的"别有用心"。

一块橘子皮

临近下班时，我微信上收到了一条信息，内容是这样的：王园长，和您分享一个小故事：

> 今天下午放学，大宝从裤兜里掏出了几块橘子皮，然后和我说："老师，你看我的橘子皮都已经干了，我要把它拿回去泡澡……"一旁的小宝说："是因为园长阿姨讲了那个《怕浪费婆婆》的故事，说橘子皮可以用来泡澡，哥哥就想拿回去泡澡用。"这是源于爱粮日活动启动仪式上，您给全园的孩子们讲《怕浪费婆婆》的故事，大宝记在了心里，并默默地照做了。

文字下方是大宝和小宝分别拿着一块干了的橘子皮开心笑着的模样。

收到这条信息，我先是惊喜，没想到一个已经过去一段时间的故事，依然让孩子们记忆犹新，后又是欣喜，欣喜陈月培老师用心地记录着孩子们成长中的点点滴滴。

恰逢橘子上市旺季，学校里安排的水果点心几乎每周都会有橘子的影子，剥开橘子，留下果肉，扔掉橘子皮，是再正常不过的事情了；但在今天，我们看到了两个孩子因为收藏橘子皮而开心的模样。难道是他们手里的橘子皮和其他的不一样？不是的，橘子皮还是那个橘子皮，但不同的是，这块橘子皮有了故事的味道！

我努力回忆起爱粮周活动启动仪式上给孩子们讲的故事《怕浪费婆婆》，里面有一个章节提到橘子皮的再利用：

在吃完橘子以后，我们可以把橘子皮收集起来晾干，干了的橘子皮不仅可以泡水，还可以放进我们洗澡的水里，用来泡澡、洗脚；橘子皮还是一种药材，也可以用来做中药。

令我惊喜的是，孩子们用心记得故事里的每一个章节，不仅在光盘行动中表现得棒棒的，就连如此不起眼的橘子皮也放在了心上！

收集橘子皮，本是一个简单的举动，但这个简单的举动给我们带来了反思。什么样的教育话语才会被孩子们接受？什么样的教育方式才会被孩子们认可？仔细想来，当有儿童立场。当我们以故事的形式和孩子们交流时，似乎也更容易被接受，因为爱听故事是每一个孩子的天性。这也让我想到了学校里每周一升旗仪式上，李建华校长都会给孩子们讲一个故事的坚持：结合每周升旗仪式的主题，他会准备国旗下的故事，在听完故事之后，孩子们就故事内容进行再学习和分享。如此一来，李建华校长想要表达的核心主题就很容易被孩子们接受。长此以往，国旗下的故事也成了孩子们每周的期待！

也就是从那时候开始，园长讲故事栏目的种子在我心中悄然播下。每周一个故事，用故事链接，用故事滋养，让每一个孩童在故事里徜徉。

办公室里来了"监督员"

　　"园长阿姨，你昨天下午去哪里了？我找了你很久都没找到。"一大早，我走进办公室，就迎来了小小"监督员"刀刀小朋友的"审问"。他轻轻推开我办公室的门，看我坐在办公室，就走了进来，刚进门口，就一脸不高兴地说道。看着他那一本正经的样子，我也赶紧回答道："园长阿姨昨天下午到班里去听课了，后面又和小朋友们一起做了游戏，就回来晚了。不好意思了，刀刀。"见我如此说，他又一本正经地说："你不在办公室，我都可想你了！"如此的表达让我心头一惊。

　　刀刀是大班的一名孩子，我常见他跟在班里保育员刘老师的身后。和班级那些爱唱爱跳的孩子不一样，刀刀喜欢独处。由于我的办公室和他的班级离得很近，班级的刘老师在打扫卫生时总会连我的办公室一起打扫，所以跟在刘老师身后的刀刀也时常出入我的办公室。

　　一来二去，他对我的办公室就熟悉了起来。几次偶然见面时的聊天，让刀刀对我也熟悉了起来。慢慢地，我的办公室成了他的第二教室。有事没事地，他总爱过来和我聊天。有一段时间，他每天都会到我的办公室里待一会儿，我忙我的工作，他就安静地在一边玩，办公室的沙发、桌上的零食水果、偶有小孩落下的玩具等，都成为了他在办公室里的"玩伴"。昨天我一下午不在办公室，他便着急了，所以，这一大早就开始过来"审问"我。

　　得知了他的心思，我也适当调整了自己，上午在外的工作忙碌结束，就待在了办公室。其间，还特地走进教室和刀刀打了招呼。看到我时，刀刀先是兴奋，而后又略有难过，说上午去了办公室找我都没找到，等了好久也没见我回来，又一次失望让他很难过。

　　见机，我邀请他到我的办公室里坐坐，而他也蹦蹦跳跳欢呼。办公室里，我答应刀刀会多些时间在办公室，而他也开心地告诉我要好好"监督"。

　　我与刀刀的故事就在这份"监督"中酝酿着。接着，就有了"看飞机想妈妈""送你一个棉花糖"的暖心故事。正是因为有了这份"监督"，才有了故事的延续。与其说是"监督"，不如说是牵挂。这份"监督"，我乐享其中。因为有人牵挂是幸福。

我帮你写文章

"园长小助理"在时间的更选中走到了第四届。第四届园长小助理的竞选如火如荼地进行着，脚步所到之处，皆有温暖和惊喜。

竞选中，孩子们的竞选理由也是五花八门。有说要帮助幼儿园做事情的，也有说园长像列车长的，还有说喜欢小黄餐包的，等等。有一个孩子的理由令我"爱得深沉"又"哭笑不得"。他说："我要帮助园长阿姨写文章！"

说出这话的，是中班小朋友刘中和，未满4岁。说起刘中和，幼儿园里可谓是尽人皆知。从上学至今，关于他的各种趣事，传遍了幼儿园。还记得，刚入小班时，因为喜欢一颗糖，他宁愿说自己的妈妈丑，但糖刚吞进肚子，话语就转了风格。也曾因为刚上幼儿园想妈妈，就说出"不想让妈妈太辛苦工作"的话语。那时候，中和常说想找妈妈，当老师告诉她："妈妈要工作，我们不能打扰她。"他便会自我安慰："嗯，要不然妈妈都不能挣钱买房子了。"还有段时间，中和对外星人很感兴趣，经常告诉老师："其实我是外星人，我是从外太空来的。"然后就开始展示他的超能力。不喜欢梳头的他在看到老师拿起梳子准备给小朋友梳头时，就赶紧凑过去说："我已经够帅了，你不用给我梳了！"

中和爱捡各种"宝贝"，每次走在路上，他的眼睛总是发着光扫描身

○ 花的念想：幼儿园里的小美好 ●

边，路边的小虫子、各式各样的小零件、沙坑里的宝石（玻璃）等，都是他眼中的宝贝。其实，别看中和的想法常是天马行空，但也有自己的梦想："我长大要当警察，抓坏人！"因此，为了好好长身体，中和很少挑食，也会配合老师努力挑战自己，不爱动手的他现在自理能力很强！

这次"园长小助理"的竞选，更是又一次让人"大跌眼镜"。当班里的小朋友们都在尽情展示才艺、奋力表现自己时，中和却轻柔地说出了"我要帮助园长阿姨写文章"。据王婷玉老师说，初次听到这样的叙述时，还以为自己的耳朵没听清楚，当请中和大声一点儿说出自己的竞选理由时，中和提高嗓音告知："我要帮园长阿姨打电脑，我要帮她写文章。"

这样的理由出人意料，却也符合中和的气质。不按常理出牌，一直以来都是他惯有的风格。在走廊上被婷玉老师拦下告知这个消息，我先是一番震惊，随后也冷静下来，决定找中和一探究竟。还没等我走近，中和便大声嚷嚷着："园长阿姨，我要竞选园长小助理，我要帮你写文章。"我俯下身子问他为什么要帮我写文章，他告诉我，每次在办公室里看到我时，我都在电脑上打字，觉得很辛苦，再一次说："我帮你写，你就可以休息了。"我若有所思地问他是否知道写文章是什么意思，他看着我笑笑。或许，在他的心里，写文章这件事也还是个模糊的概念吧！嗯，写到此，我竟然有点儿想要偷着乐，毕竟，有一个能帮助写文章的小助理，还是值得欣慰的一件事！

孩子世界里的天马行空，是一百种语言的展示。就如《儿童的一百种语言》所言："孩子有一百种语言，一百双手，一百个想法，一百种思考、游戏、说话的方式，一百种倾听、惊奇、爱的方式，一百种歌唱与了解的喜悦。"

我很期待中和的文章。

来自外星球的信

　　竞选园长小助理时说要帮我写文章的刘中和小朋友终于兑现了自己的承诺，拿着自己写好的文章送给了我。线线相环的字迹，着实为难了我一把。不是我学历浅，而是第一次见"外星文"，请原谅我孤陋寡闻。贴心的王婷玉老师也提早料想到了我会看不懂的结果，所以，在送来之前，让中和翻译、自己代笔做了记录，才缓解了我初见到信时的尴尬。

　　送来信的中和还有模有样地给我讲解了一番信中的内容。只见他手指从纸张的最后一行指起："外星辐射号码进入大气层，外星辐射号码进入地球。进入地球后，宇宙飞船摔坏了，里面走出来一个外星人，外星人又发射出一个机器人，机器人回到了自己的星球。"那一刻，听着他的讲解，我真的有些自愧不如。一个不到 4 岁的孩子竟在外太空的世界里游走自如，不仅逻辑关系清晰明了，还写得一手"外星文"。问他为什么会写外星文，小家伙自信满满地说："因为我就是外星人啊！"

　　据婷玉老师分享，自从说了要给我写文章，中和就认真了起来，曾多次问老师怎么写字，还常常会在班里拿出纸笔一本正经地练习。这封来自外星球的信就是他安静地坐下来、一本正经写完的。

　　写文章，是我日常生活的一部分，自从 2018 年 5 月 11 日起至今，已坚持了 1000 多天，累计写出了 130 多万字。自己常常都会觉得恍惚，这真的是我自己坚持写出来的吗？好在梦醒了，一切还在。

我还记得到南阳去做分享交流时，褚主编向现场的朋友们介绍我，曾竖起大拇指说："她坚持日精进打卡800多天，写出了100多万字。"在场的朋友们也纷纷投来赞许的眼光。在一次分享交流结束后，一位校长朋友向我发来了信息说："我一直梦想开设一个自己的公众号，却一直没开起来，今天听了你的分享，决定开起来，并坚持精进打卡。"我向她表示祝贺，同时也邀请她加入坚持写作的队伍中来。

于我而言，写作的意义不在于写了什么，也不在于写得多好；而是在这份长的坚持中，我收获到了许多：收获了坚持的意义，那是在坚持以后才品尝到的甘甜；收获了一群人拥有共识的快乐，因为走在一群人中才不会觉得孤单和寂寞；收获了内心的坚定与执着，不畏浮云遮望眼。

或许，写作这件事已经成为我身上的一个小小标签，这份标签正在把我展示给老师们、孩子们以及少有谋面的朋友们。我们的作品都将如这"外星文"一样，有着自己的解读。

感谢中和的"代笔"，来自外星球的信，我会珍存！

瑞德宝宝

　　说到奖章，艾瑞德的老师、家长和学生一定会在第一时间想到"瑞德少年"，那份来之不易的荣誉让每个孩子向往。每周一国旗下校长会亲自颁发，这更让奖章多了几分重量。当然，令人兴奋的还有"瑞德少年"颁奖仪式上父母的到场。一份属于孩子的荣誉亦是一份属于家庭的荣誉，也是一份属于班集体的荣誉。

　　在幼儿园里，我们也有着如此神圣的奖章——瑞德宝宝。自从幼儿园里启用瑞德宝宝奖励以来，每时每刻都能感受得到孩子们发自内心的喜悦和自豪！

　　一次，大班的刘驰邈小朋友来到了我的办公室，挺着胸膛，面带笑容。比起往日里的到来，刘驰邈有些不同。我停下手中的工作，仔细地观察他有什么不同，猛然间发现，在他的毛衣上别着一枚瑞德宝宝的奖章，便欣喜地和他来了一段对话：

　　"果果，我发现你的毛衣上有个东西闪到我的眼睛了，是什么东西啊？"

　　"哈哈！是瑞德宝宝奖章。"果果手摸瑞德宝宝奖章，有些做怪状地回答道。

　　"是吗？你得到瑞德宝宝奖章了？我猜你一定表现很棒！"顺着果果的

话，我也开心地回应道。

"当然很棒啊，不过我还会坚持一直这么棒的！"果果自信满满地说。

看着果果如此开心的样子，我也很开心。一枚小小的奖章让仅4岁的孩子有了努力的决心，而且还表示要这么一直坚持下去。奖章虽小，却很神奇！

我依稀还记得幼儿园第一次评选瑞德宝宝时的情景。一位老师说，第一次触摸到瑞德宝宝奖章的方信博，午睡时，让老师把佩戴在外套上的奖章取了下来，并小心翼翼地放在了枕头旁边，用手轻轻拍一拍，像呵护小宝宝一样呵护着那枚奖章。而且自从有了奖章，他连走路都神气多了。

看来，瑞德宝宝是一枚奖章，也不仅是一枚奖章。在这枚小小奖章的背后，是孩子们自我约束、自我管理、自我求上进的行动。每个班级里面，针对孩子的年龄不同，设置有不同的瑞德宝宝晋级卡。据多位老师分享，自从有了瑞德宝宝晋级卡，对于班级管理也有了很大帮助和促进。

瑞德宝宝，是一份荣誉，是一种象征，也是一种激励。愿孩子们在瑞德宝宝之路上成长为更好的自己！一枚奖章，一份荣誉。瑞德宝宝，令人欢喜！

从瑞德宝宝到瑞德少年

从幼儿园走向小学，从瑞德宝宝走向瑞德少年，这是一份成长的见证。

一次，我从小学部一楼大厅处走过，有两位家长看到我后，立马站了起来，随之，一边的孩子也向我行鞠躬礼问好。这一家三口是毕盛及爸爸妈妈。眼前这个孩子穿着整齐的艾瑞德校服，打着整齐的领带，脸上满是笑容。

在交谈中我得知，爸爸妈妈都来是因为毕盛被评为瑞德少年，爸爸妈妈被邀请来一同领奖。被邀请的爸爸妈妈向我连连道谢，表达着孩子在幼儿园里这几年来的成长和收获，以至于现在走到了小学，孩子也延续着从幼儿园里收获的好习惯、好品质。也向我分享，从入小学至今，孩子的点点滴滴。因为还是熟悉的校园，毕盛的一年级也得到了很好的发展，也因为之前在幼儿园曾参与过"园长小助理"的活动，在今年的"校长助理"选拔中，毕盛参与了竞选，并脱颖而出。毕盛今天特意佩戴了瑞德宝宝的奖章，他向我展示着胸前的奖章，满满的自豪感和幸福感。

瑞德宝宝，是幼儿园孩子们迫切想要得到的一枚奖章。因为这枚奖章的存在，幼儿园里的照片墙上多了孩子们可爱的笑脸；也因为有了这枚奖章，幼儿园多了许多温暖的故事！

瑞德少年，是学校小学部孩子们梦寐以求的重要奖章。这枚奖章，不

○ 花的念想：幼儿园里的小美好 ●

是一把尺子评判学生成绩的好与坏，而是为不同的孩子提供不同需求的成长平台。得到瑞德少年奖章，学校李建华校长会在每周一国旗下亲自为孩子们颁奖，并邀请爸爸妈妈见证这神圣的颁奖时刻。

从瑞德宝宝到瑞德少年，是孩子从幼儿园走向小学的标志，也是成长过程中的收获。昔日里那个踩着高高的垫高凳方才够着演讲台，进行"园长小助理"竞聘仪式发言的毕盛小朋友，在一转眼之间就长成了瑞德少年，领奖的这一刻是他成长的重要时刻。

祝福毕盛小朋友的同时，也为他感到高兴和自豪。从瑞德宝宝到瑞德少年，从幼儿园到小学，从那时到今日，愿未来一切越来越好！

小萌娃大梦想

立下梦想，逐梦前行！

我犹记得小时候上育红班时，老师曾问过我们一个问题："长大了，你们要做什么？"我回答"我长大了想要当一名老师"，这件事让我至今依然记忆犹新！也终于在大学毕业之后如愿做了一名老师，或许是那个梦想的种子发芽长大了，也或许是心中一直对那个梦想记忆犹新，成为教师的路上很开心，也很快乐！

在艾瑞德，对于小朋友而言，"园长小助理"是一份"光荣的职业"，孩子们在竞选之前就开始认真准备，参加初选活动，努力地在发言中表现得更好。通过努力成为"园长小助理"后，他们和园长阿姨共进午餐，参与园所建设、园所提议、园所创新等，小小主人翁的意识发挥最大的主观能动性。而今，在学校烘焙教室里的午餐会上，和园长小助理们也聊起了梦想这个话题。在开始之前，心中有不少嘀咕，这些四五岁的孩子对于"梦想"这个词是否有概念，又或者是否可以正确表达自己的梦想？中午的"园长助理午餐会"着实惊艳到了我。

伴随着主持人苗玲玲老师关于自己小时候梦想的讲述，小萌娃说梦想之路也正式开启！

"我长大想要当一名特警，帮助国家。"李卓轩小朋友自告奋勇第一个发言，在最后还强调："我长大了，做好特警之后，还想做国家主席。"

"我想要去美国做 FBI 探员，还要买一架私人飞机，因为中国离美国很远，如果有了私人飞机，我就方便飞去美国了。"姚雨方小朋友铿锵有力地说着自己的梦想。

"我想当一名很厉害很厉害的特警。"张铭宸小朋友开心地说道。

"我也想当一名警察，要和姚雨方在一起，因为我们俩是很好的朋友。"小女生董之瑶似乎也被警察梦感染了。

"我想当兵，而且要当一名陆军。"张开逸小朋友说道。

"我长大了想要当一名医生，因为我的干妈就是一名医生，我想像她一样帮助病人。"文气的赵淑涵说出医生的梦想，着实令我吃惊！

"我想做姐姐，做姐姐可以照顾小宝宝。"栗一晨似乎为家里即将迎来的小宝贝做足了一切准备。

"我想做一名护士，在医院里给病人看病，可以帮助很多人。"逯婉彤一改以往风格，自信满满地说着自己的梦想。

"我想当一名医生，去帮助更多的人。我还想做一名老师！"夏天小朋友一人说出两个梦想。

"我想做一名消防员，哪里着火了，我就可以去帮助救火。"朱梓畅自信地表达着。

除此之外，还有两位今天参加园长午餐会的小朋友也表达了自己的梦想：

"我想做一名交通警察，因为我坐在爸爸车里经过那个桥的时候，发现堵车了，如果我做交通警察，就可以到前面去指挥一下。"刘驰邈小朋友振振有词地说。

"我想当一名警察，帮助大家抓坏人。"漂亮的小女生金金说出这样的梦想，不禁让人想要竖起大拇指为她点赞！

我认真地倾听每一个孩子的表达，并记录下他们珍贵的梦想，别看这些娃娃年龄小，一个个志向还真是高呢！

当梦想话题结束，也迎来了小助理们的灵魂拷问："园长阿姨，我想要当国家主席，怎么样才能当上呢？"眨巴着眼睛的卓轩认真地询问。"我怎么才能当上美国 FBI？""我怎么才能当上一名医生？"一个又一个的孩子抓住时机拷问着。

面对孩子们的提问，我告诉他们：现在要好好学习，多参加锻炼养好身体，上大学的时候选择对口的学校和专业，在将来才会有机会实现自己的梦想！他们似懂非懂地点点头。

梦想是引领孩子前行的航标和灯塔。在今天，这些各种各样的梦想在孩子们的心中播下种子，期待着在未来，孩子们的梦想都能够实现！小萌娃，大梦想！孩子们，向着梦想出发吧！

一颗紫皮糖

2019 年 10 月的一天，在我家楼下，我遇见了幼儿园的一个娃娃，他大老远地就喊着"园长阿姨"并向我扑过来。这样的遇见是常有的事，但今天不同的是，扑过来的这个孩子忽然对我提出一个问题："园长阿姨，你上次给我的那个糖还有吗？"

一时间，我被孩子的问题问住了，脑海中迅速回想我给过他什么糖。这时，跟在他身后的妹妹也喊道："我也想要一颗。"两个人眼巴巴地看着我，似乎这一刻就想要得到那颗糖。思索无果，我就试着和孩子聊了起来。

"你还记得园长阿姨给你的是什么样子的糖吗？"

"是那个长长的，有个纸包起来的。"孩子边说，还一边用手比画起来。

"噢，那是不是巧克力啊？"

"外面是巧克力，里面不是的。"孩子的描述很清晰。其实，我也已想到了答案；但和孩子的互动还要继续下去。

"你喜欢吃那个糖吗？"

"喜欢啊，那是你从俄罗斯带回来的。"

"你还记得那么清楚啊，确实是园长阿姨从俄罗斯带回来的呢。"

"对啊，我们班每个小朋友都有一颗，但是我想要两颗，行吗？"

"哈哈，你为什么想要两颗啊？"顺着孩子的话，我也试探性地问问他是如何想的。

"我想给我妹妹一颗，她也想吃。"我看看站在他身边的妹妹，眨巴着一双机灵的大眼睛，可爱极了。再看看身边的哥哥，小绅士一般，企图用一颗糖温暖妹妹。聊了一会儿后，我告诉他们，在我的办公室里，还有一些紫皮糖，等回到幼儿园时，可以到我的办公室里来拿。听到我这样说，两个人开开心心、蹦蹦跳跳着离开了。

站在原地的我，也回忆起了那颗紫皮糖。9月底，我有幸跟着一个教育考察团去往了俄罗斯，领略那里的人文风情，也学习着。游走学习间隙，了解着俄罗斯的点点滴滴，当然，俄罗斯紫皮糖也是我们品尝俄罗斯味道的重要元素之一。吃不好早饭的早晨，我们会用一颗紫皮糖来打开味蕾；乘车转换场地的间隙，也会用一颗紫皮糖温暖车厢；走在寒风刺骨的涅瓦河畔，也会来上一颗紫皮糖。

所以，在返程时，我也特意到商店里购买了几大包紫皮糖。紫皮糖并不大，一颗颗的，一大包里有不少颗，路上算了算，差不多够给园里每个孩子分一颗了。

回来的第二天，我拎了一个纸袋，里面装的是紫皮糖。从一楼至三楼，从小班到大大班，但凡那天在园里的孩子，都收到了一颗紫皮糖。这个事情已经过去几天了，那颗糖也微不足道、不足挂齿，但今天孩子见到我再次提起那颗糖，我心中感到阵阵暖意。

一颗微不足道的糖却连接着孩子们和我之间的感情！

校园白鸽一切安好

2020 年的春天，一场新冠肺炎疫情让孩子们的课堂从线下搬至了云端。开课初，我特地到校园录制了一段视频，发给可爱的孩子们。据胡瑞杰老师说，班里的杨鹏杰小朋友透过视频看到幼儿园时哭了。这一举动令孩子的爸爸动容，问其原因，孩子说："看到园长阿姨的视频，我想我的幼儿园了，想我的老师了，还想我们学校里的那群鸽子。"边说，还边哭得更凶了。略微平复情绪后，孩子娓娓道来："在视频里，我没有看到学校里的鸽子，不知道它们现在怎么样了；我很想念那些鸽子，我都好久没有见到它们了。"

据说，在孩子哭着如此诉说之时，陪在一边的爸爸也忍不住流下了眼泪。一方面感动于孩子对于学校的感情，甚至是校园里那群不起眼的鸽子，都会让孩子想念到哭泣；另一方面，感动于学校在面对开学延迟这件事的时候，在短短的时间里就开创了多种渠道与孩子连线。这样的连线让孩子的情绪难以控制，但更说明了在校时老师们的用心，因为老师们的用心，才会有了孩子此刻难以抑制的想念。

当然，无论是哪一种，都表达着同一个声音：艾瑞德，是我们师生共同的家园、温暖的港湾！

受疫情管控，任何人不得出入校园，自然也不能随时见到校园的白鸽了。但得知孩子因为想念白鸽而哭泣时，我还是想要寻找到一些照片，以解孩子的相思之苦。查询了校园值班安排表，拨通了值班老师的电话，告知其情况，麻烦其拍下几张校园鸽子的照片。几经周折，终于收到了"热乎乎"的照片。把照片发给了胡瑞杰老师，烦请她代为转发。那一刻，我想对孩子说：

　　亲爱的孩子，校园里的鸽子一切安好！
　　你们不在校园里的这段时间，每天在校园值班的保安叔叔负责照看它们；他们会准时为鸽子喂食，也会定期为鸽子的家消毒，也会精心地照料鸽子们的安全。
　　鸽子们也会时常到幼儿园去寻找你们的身影，看到你们不在，鸽子也会默默想念。近段时间的冠状病毒很厉害，小鸽子们都安静地生活在校园里；它们很听话，不乱飞，也不到校园之外的地方去；它们守在校园里，等待着可爱的你们早点归来！等你们归来，再回到鸽子身边去，喂它们食物，和它们追逐……
　　鸽子，在等着你们！

校园的白鸽啊！你是孩子们的念想、孩子们的牵挂。

○ 花的念想：幼儿园里的小美好　●

小小签名台

在幼儿园每个大大班教室门口，都有一张小小的桌子，桌子上摆放着孩子们的签名本、铅笔等物品。每天早上，到园的孩子们在进入班级之前，都会坐在这张小小的桌子旁，认真地签下自己的名字。或歪歪扭扭，或缺点少捺，但无论签得好坏，孩子们总会开心地露出笑脸。一个多月过去了，他们的签名从最初歪歪扭扭的字体，正在向着工整转变。

一天早上寻班，我见到马粲柔正端正地坐在签名台前认真签名，我便走过去和她聊了几句。只见她指着签名本告诉我："这是齐一帆，这是张恩硕，这是徐一茗……"并告诉我，签名本上的名字好多她都认得。我看着她笑容满面的样子，跟着她一起开心了起来。我问她是否会写自己的名字，她说写大名有些难，只会写小名"火火"。我看了看签名本上一些孩子的笔迹，已能将名字笔画全部勾勒。看得出来，虽然开展签名活动的时间不长，但收效还是蛮好。

签名台是一方媒介，构建着孩子们对于汉字的认知，也承载着幼升小知识的储备。幼儿园里的大大班是孩子们幼儿园生活的最后一年，预示着在不久的将来，孩子们就会踏进小学的门槛，开启另一段学习成长之旅。幼儿园与小学阶段的转变，不仅是年龄的增长，还应该有心理的准备、知识的储备、作息的调整等。

如何将一些知识的储备融入孩子们的日常生活，成了大大班老师们共同研讨的话题。很快，在教室门口摆放签名台的创意便出炉了。签名台的作用，在于孩子们可以在日日签到中培养对汉字的兴趣。因为在签名本上，除了自己的名字，还会有班级同伴们的名字，就如火火那样，对于同伴们的名字也有了认知。当然，随着签名台的应用，也即将加入签到时间一栏。如此一来，孩子们就要学习认识钟表上的时间。这样有需求的学习，将更有助于提升孩子们学习的兴趣。

小小签名台还承载着孩子们一起签名的乐趣。排队签名、研究名字，都是小小签名台前自主学习的发起。小台子，大作用！

陪孩子们一起"天马行空"

　　我收到了一封中班组孩子们送来的邀请函，说是邀请我到他们开的"饭店"里吃饭，还要邀请我到他们开的"理发店"剪头发、做美容，最后还可以到"剧院"看一场演出。如此丰富的安排，着实令我内心里泛起了嘀咕：估计是一场类似于班级区角的"过家家"。所以，我并未有太多的"奢望"。

　　按照邀请函上约定的时间，我如约出席孩子们的"过家家"，却不料，眼前的一切我原有狭隘的想象完全不同。教室不再是昨日里的那般模样，而是被装饰成了一个真实的理发店魔法屋。

　　从教室门口开始，列队欢迎的小迎宾彬彬有礼，俨然一副专业的样子。我刚准备踏入教室门，却被一位身着保安服的帅哥拦住了，测体温并确认没问题之后，才放行。走进屋内，我被孩子们团团围住，很快，洗头、剪发、吹干，一系列专业的操作，在几个小萌娃熟练的手艺下一气呵成。一同踏进来的符君老师则被一群孩子拉着躺在了美容床上，按摩、敷黄瓜面膜，好一顿让人舒服的服务，让原本疲惫的身体顿时轻松万分。

　　享受过专业的服务，我不禁对教室里的布置来了兴趣。只见专业的操作架上，摆放了满满的面膜、精油、刮痧板，那是美容的全套护理服务用品。而理发专区内，不仅洗发区、剪发区清晰分明，剪发区内还配备了剪发穿的罩衣、妆容镜、烫发梳、剪发梳、卷发梳、吹风机等专业用具。娴熟的动作、专业的操作技法……我不禁有点儿佩服这帮可爱的娃娃了。

走出"理发店",直奔"饭店"。原本以为是"过家家"的我,再一次被孩子们的真实所打动。关东煮、鸡蛋饼、水果沙拉……令人应接不暇。一圈下来,手上捧满了各种好吃的。

孩子们口中的"剧场"演出,更是一场真实的实景演出,无半点儿弄虚作假。带着几分好奇,我向几位中班组的老师们讨取了点儿"经"。

据老师们介绍,之所以有这些场景的出现,是因为结合本学期主题职业课程的开展。在这之前,孩子们曾深度参与了解了超市售货员、饭店厨师、理发店理发师、图书管理员、消防大队消防员、校医等职业的工作属性及特征。

伴随着孩子们对于不同职业的深度认识,"我长大了想成为什么"也成了孩子们一度探讨的话题。所以,在结课仪式上满足孩子们"天马行空"的想法成了老师们之间的共识。

于是,在班级内创设不同的场景,以满足孩子们对于职业的需求,成了这次结课的主旋律。经过投票和筛选,孩子们各自选取了自己的职业意向。而今天这场真实的天马行空,就是老师们附身陪孩子们畅想未来的场景。

天马行空的世界里,有着无尽待探索的神奇。陪孩子们一起天马行空,将一份份童真梦想打造成真!

○ 花的念想:幼儿园里的小美好 ●

带着热干面走进课堂

近些年来，在幼儿园里少有专职代课，我心中不免有些痒痒。课堂是离孩子们最近的地方，也是童心泛滥的场域，每每有不开心，走进孩子们的课堂，保证一切烟消云散。

在幼儿园里，一旦有机会，我会尽可能走进孩子们的课堂，给小班的孩子们讲故事，与中班的孩子们做游戏，与大年龄段的孩子们探讨彼此感兴趣的话题，等等。当然，也会时常接到老师们派来的"任务"：给孩子们讲讲在英国的所见所闻，为孩子们做三明治和紫菜包饭等，当然，还有和孩子们一起做热干面。

热干面是湖北的美食代表。在 2020 年疫情期间，重灾区武汉成了人人牵挂的地方。后来，虽然武汉疫情已经吹散，但回归后的课堂上，老师与孩子们一起回味武汉那段日子的故事，还在幼儿园倾情上演。回味一座城市的故事，其美食是必不可少的重要内容，而代表性极强的热干面当之无愧成了孩子们对于武汉这座城的"认知"。说到热干面的味道以及热干面的做法，孩子们更是兴趣倍增。好在，在艾瑞德国际幼儿园的课堂上，孩子们的想法总会被突如其来的"惊喜"满足。

苗玲玲老师找到我说，想邀请我给孩子们上个做热干面的课。这当然没问题。于是，搜集制作热干面所需要的食材，提前进行搭配整理等，还要卡着时间煮面、搅拌，好在约定的时间里，准时抵达大班的教室。看到我手中端着的热干面制作材料，孩子们不禁欢呼雀跃起来。随之，我们一起讨论起了热干面。

"我以前吃过热干面。"

"我没有吃过。"

"我喜欢吃热干面。"

"我妈妈也喜欢吃热干面。"

……

伴随着孩子们的好奇，我们开始了对热干面的探索。热干面要用圆圆的面条、热干面要用很多芝麻酱、里面还要放上榨菜……食材的认知是敬畏热干面的第一步。接下来，便是煮面条、搅拌芝麻酱的重要环节。在孩子们的殷切期盼中，面条在锅里沸腾，芝麻酱也准备就绪，当两者完美搅拌，热气腾腾的热干面也上了孩子们的餐桌。看着孩子们吃得很开心，我也情不自禁地跟着开心了起来。

"太好吃了！"

"我还要一碗！"

"园长阿姨，明天来上炸酱面的课吧！"

一节课还未结束，就这么被孩子们自觉地"安排"上了下一节。一碗热干面是我和孩子们愉快的课堂时光。

一起用餐的快乐时光

按照幼儿园的惯例，每月我要和"园长小助理"进行一次午餐会，一个个手拎小黄餐包的萌娃是幼儿园一道亮丽的风景线。同时，也引来一批又一批孩子们羡慕的眼神。所以有一些班级的孩子亲自动手制作了邀请函，邀请我和大家一起用餐。

在一次小助理午餐会上，大班的两位小助理因为身体原因缺席。在现场的连线中，我答应两位小朋友，等他们返校时，到班级里面去和他们一起用餐。因此，这次的进班陪餐，我走进了大班的教室。用心的苗晓洁老师特意安排了座位，让园长小助理侯天天坐在了我的身边。

或许是老师提前已有铺垫，也或许是孩子们早已期盼着我的到来，在我踏进教室门的那一刻，孩子们便欢呼雀跃起来。告知我座位在哪儿，也告诉我喜欢听每周一我讲的故事。

在大家的叽叽喳喳声中，我坐了下来，我周围一圈的小朋友一个个捂着嘴巴乐得合不拢嘴。和侯天天聊了几句，询问他身体的情况如何，他告知我已经好了。问他是否可以坐在他的身边，他使劲地点点头。同围在一个桌上的石头、麦兜、糖糖也乐开了怀。

午餐吃的是蒸面条，孩子们很是喜欢，几个人尝试着用不同的方式品尝这份美味。有直接吃的，有泡在汤里吃的，还有一口面条一口汤吃的等。

除却讨论面条的吃法，我们还聊了好朋友的话题。石头说："园长阿姨，你是我的好朋友。"我点点头答是的。紧接着，大家便都开始了好朋友的炫耀。天天说自己有60个好朋友，糖糖说自己有2000个好朋友，麦兜说自己有60亿个好朋友，石头说自己有100亿个好朋友，等等。听着大家的比对，不禁想起了那个人人喜爱的故事《猜猜我有多爱你》。小兔子和兔妈妈总说自己有多爱对方，而另一方总会想出更大的爱来回应。天真的世界里，一切都是那么的唯美。

　　除却讨论不同的话题，还在孩子们的提议下一起"干了碗"。孩子们告诉我，盛在碗里的饭菜要吃干净，大家都要做光盘宝宝，要节约粮食等。吃完饭，我们还一起拿起碗来比对，看是否都已吃干净。用餐临近结束，一孩子叫住我，让我等等他，说要给我表演。

　　他是班里最后一名用完餐的，却自信地告诉我，因为他学了打拳，所以需要多吃饭。好吧，这个神逻辑，绝对值得佩服！饭后，他站在教室门口的走廊上打起了拳，那样子，酷极了。

　　一顿午餐，快乐无极限。孩子们有说不完的话，有聊不完的有意思话题。临别，还依依不舍地相约明天再见！一餐饭的快乐，又何止那一餐饭的美味！

"熊猫"漂流记

　　临近放学的时间，我办公室的门被推开，只见晴天小朋友手举"熊猫"向我走来。"园长阿姨，我来把熊猫还给你，谢谢！"我接过晴天送来的"熊猫"，也连忙对她说："不用谢！"

　　说完再见，晴天走了出去，而我又带着"熊猫"走出了办公室，去寻找下一个"小主人"。一段时间以来，这样的一幕时常在我的身边发生，只因为那只招人喜欢的"熊猫"。

　　故事的来由是这样的。

　　一次成都之行，赵静主任买了几只可爱的熊猫胸针，一起游玩的路上，苗玲玲、符君和我就在衣服上各佩戴了一只。于是，我们的黑色大衣上多了一只极其可爱的"熊猫"，趴在衣服上，令人喜欢。从成都回来后，我穿着戴有"熊猫"胸针的衣服到幼儿园上班。几日不见，孩子们亲切的呼喊声似乎又高了几个分贝。除却这份呼喊，不少孩子都把目光投向了那只"熊猫"。

　　"好可爱的熊猫啊！"

　　"我可以摸摸它吗？"

　　"这是你去成都买回来的吗？"

　　如此等等。孩子们的问题总也问不完。于是，我干脆就坐在了地上，让孩子们都来摸一摸这个受欢迎的"熊猫"，还告诉孩子们，四川是大熊猫的故乡，在那里还有真的大熊猫，非常可爱，如果有时间和机会，可以和爸爸妈妈一起到成都去看一看，玩一玩。

随之，看着孩子们的小手摸个不停，我灵机发问："有没有想要戴戴这个熊猫啊？"没想到，这一问，引来了孩子们的欢呼："我要戴！我要戴！我要戴！"个个一边举起小手，一边喊个不停。面对孩子们的"争先恐后"，我也来一把"急中生智"，问孩子们："我们让熊猫像小黄书包一样'漂流'起来，如何？"于是，我们很快达成了一致意见：这只"熊猫"，每个人戴一天。

从那一天开始，我的"熊猫"就开始了它的"漂流"生活。大大班的李诺一小朋友是第一个佩戴者，她小心翼翼地呵护着自己身上的"熊猫"，下午放学乘校车时，她还用手把"熊猫"给捂了起来，并在第二天临近放学时准时把"熊猫"送至了我的办公室。随之，朱梦彤、晴天等小朋友也都如愿地戴上了"熊猫"回家，又完璧归还。如今，"熊猫"还在孩子们的中间传递着，而今天，它又会随谁回家呢？我还在期待中。

"熊猫"漂流记还在继续上演，每一个拿到"熊猫"的孩子都是一名保护使者。短暂的一天时间里，拿到"熊猫"的孩子，要保护好自己戴的"熊猫"不丢，也不能忘记在家里，还要如约准时送回我这里。这何尝不是一次体验啊！正如我们的漂流小黄书包那般，又何止是漂流一个书本、一本书那么简单呢。

"熊猫"还在漂流着，同时漂流的，还有许多令人开心的故事。比如，"熊猫"脏了，可不可以给它洗洗澡？还比如，我还想要再戴一天，可以吗？这个"熊猫"我太喜欢了，可以送给我吗？面对孩子们抛过来的一个又一个问题，我们都一起商讨、解决，并最终达成一致的共识。这，又何尝不是一节生动的教学呢？

"熊猫"还在漂流，我们的故事也还在继续着。

喧嚣池子

新年假期归来，安静了许久的幼儿园又迎来了喧嚣声，好一派热闹非凡。吃过早饭，我便漫步在幼儿园的各个楼层上，久违的亲切感，一点点靠近心灵。

一楼是几个小班，孩子们的年龄在 3 ~ 4 岁之间。多数孩子已走过一个学期的幼儿园生活，但也有一个班级的孩子是第一次走进幼儿园。为了让孩子们快速融入幼儿园生活并适应这里，老师们可谓是费尽心机，奶酪棒、旺仔牛奶、魔法棒棒糖等都成了老师手中的"神器"。

走过每一间教室时，都能清晰地听到老师们用各种办法吸引孩童眼球，转移他们入学不适应情绪的哄闹声。透过走廊的窗户向操场上望去，滑梯上、孩子们爱骑的小车旁，都围满了孩子。忍不住停下脚步，打开窗户，听一下他们的议论。

"你有没有想我啊？"

"终于可以上学了，我好开心啊。""我也是。""我也是。"

看着他们那副童真的模样，心中不免一通羡慕。

顺着楼梯，我走上了二楼和三楼的走廊。刚走上楼道，便听到此起彼伏的喧嚣。因为收到了惊喜礼物而大声欢呼，因为可以去看鸽子而尖叫，因为要去见艾宝而兴奋等，那种喧嚣声穿透了厚厚的墙壁，弥漫在幼儿园的角角落落里。更有，孩子们在看到我走过来时，兴奋地欢呼着狂奔而来，不仅搞得我措手不及，还令我耳朵出现了幻觉。还好，片刻之后，我便迅速清醒过来：这一切就是真实在发生的。

在幼儿园里走过一圈，感受着孩童们归来后的美好，也感受着那份久违的喧嚣，不禁满面春风、略有得意。这些年在幼儿园里工作，孩子们那嘈杂、激烈的喧嚣声早已成为了幼儿园里的"标配"，于我而言，或许是早已习以为常，也或许是留意太少，所以，也并没有觉得有什么。再次品味，却觉得这喧嚣是那般怡情悦性。

此刻的幼儿园如池子一般，装载着孩子们的各种喧嚣。生活在这样的池子当中，虽然感受着喧嚣，却也无限美好。

走回办公室，在开始一天的忙碌之前，我特意敞开了办公室的门，因为，办公室也是装载喧嚣的一部分，我想要在办公室里也装满孩子们的喧嚣声。忙碌间隙，孩子们的欢笑声、吵闹声、欢呼声、唱歌声，声声入耳。如此这般美好，真想时光永驻。

装满了喧嚣的幼儿园，是承载了孩子们欢乐童年的池子，唯愿岁月静好，这喧嚣池子也时时刻刻充满喧嚣！

叽叽喳喳的寂静

放学时间，办公室的门被敲响，随之麦子和圆圆走了进来。

"园长阿姨，还你的魔法棒。"两个人争先恐后地喊道。问她们怎么不玩了，两个人毫不客气地说出了自己的理由："只有一个魔法棒，她老是要和我抢。""我喜欢粉色的魔法棒，你能不能给我买个粉色的啊？"两个孩子扑闪着两双大眼睛，巴巴地望着我，我不禁被她们逗乐了。她们很少到我的办公室，却丝毫没有陌生感，或许这就是孩童的真实吧！和她们寒暄了几句，我告知她们办公室里暂时没有粉色的魔法棒，两个人虽有不悦，却也欣然接受。

望着孩子们渴望的眼睛，我灵机一动，准备用绘本书来转移她们的注意力。我请她们一起读故事，并提供画笔供她们画画，还送了她们绘本书，两个人也立马乐开怀，在一边玩了起来。看到桌子上的两瓶可乐，小家伙们便来了"干杯"的想法。"园长阿姨，可以帮我打开可乐吗？我想要和她一起干杯！"麦子落落大方地说道。

我停下手头上的工作，帮两个人分别打开了可乐瓶，也见证了两个人的可乐干杯。一个碰杯，两人开怀大笑，畅享着喝可乐的美好，仿佛一切都那么满足。一边喝，两个还一边喃喃自语：

"哇，怎么会有点儿辣。"

"这可乐的味道和雪碧好像啊。"

"这是我第一次喝可乐，太开心了！"

你一言，我一语，童年里的无忧无虑、万般美好尽在她们的对话中显露着。

喝完了可乐，她们又对办公室开启了新探索。或许是来我办公室次数少的缘由吧，对于她们而言，一切都是那么新鲜与美好。

"哇，这里有好多杯子啊！"

"还有一个奖杯。"

"墙上有园长阿姨的照片。"

"还有一个密室。"

…… ……

很快，隐藏在角落里的高跟鞋吸引了她们的目光。

"我喜欢这个黑色的高跟鞋。""我也喜欢，我也喜欢。"话音刚落，就看到她们脚踩高跟鞋来到了我的眼前。叮叮叮，咣咣咣，是她们踩着高跟鞋走来走去奏响的乐曲，宛若一曲美妙的乐章。

伴随着她们欢快的游玩，我在继续着自己手头上的工作。尽管她们的欢乐给办公室带来了叽叽喳喳的吵闹，我却觉得寂静又美好。把自己的身心和孩子们的欢乐融为一体，感受叽叽喳喳的童言，畅享寂静童年的欢乐。

童年，真好！

一亩田里的数学课

数学，是一连串数字与符号的结合体。数学课，是攻克一个又一个算式的枯燥课堂。

如何将枯燥的数学课上得有深意？如何让孩童在不知不觉中学会该掌握的数学知识？如何在数学课堂上完成儿童的自我驱动认知？这是一连串值得思考的问题。

在艾瑞德，数学课堂常常不是在教室里，课堂上也没有任何枯燥与乏味，若问我们有什么秘诀，想必"打开数学课堂新样式"是能给到的最佳回答。

秋天播种的麦子、大蒜、菠菜等在冬天里长出了新模样。于是，各种各样的数学课堂也被拉至了冬日里的田间地头。一把量尺、一本记录卡、一支笔，是孩子们带进田间的"标配"。

看到地里长得正好的小麦、蒜苗、菠菜，孩子们迫不及待蹲下身子开始测量。很快，"我不会量""我不会用尺子"等问题成了一些孩子完成测量的拦路虎。此时，身边的老师并没有及时上前去解决，而是鼓励孩子们找一个自己的好朋友一起完成测量。

很快，你拉着、我来量，成了新一轮田间地头里的美好画面。原本不会使用测量尺子的孩子，也在同伴的帮助下，知道了要从"0"的那一头开始量。"5、8、4、12、18、7……"一个又一个数字出现在孩子们的记录单上。接下来，孩子们有了新发现：麦苗比蒜苗高，蒜苗比菠菜高。

但高的就一定会长？矮的就一定会短吗？孩子们回答：是的。借此机会，让孩子们组成了不同的战队，分别去测量麦苗、蒜苗和菠菜。"麦苗12，蒜苗8，菠菜9。"面对这一答案，我还没来得及说话，孩子们就开始了叽叽喳喳：菠菜不是最短的。紧接着，一连串的声音在孩子们之间传开来：菠菜虽然矮，但它的叶子很长。蒜苗上面的叶子太高了，吸收不到养分，都干掉了。

一亩田里的叽叽喳喳声中，有孩子们探索测量的奥妙，有主动学习之后的发现，还有发现问题自己解决的探讨，好一幅美好的画卷。

这节数学课的核心就是让孩子们学会测量。比起教室里老师的认真讲解，似乎一亩田里的课堂我们更轻松一些。虽然老师轻松，但丝毫没有影响孩子们完成测量学习的初心。相反，在一个又一个小组合作中，学习的积极性高，接受的速度也快了许多。

一亩田里的数学课，没有了老师满堂灌的讲解，有的是孩子们在面对一个又一个问题时努力解决的用心。数学课堂该如此，众多课堂均该如此！

一面墙

　　我习惯把办公室的门敞开，一来可以感受幼儿园里的生机勃勃，二来告知老师与孩子，办公室里随时欢迎大家。也因为如此，每天放学时分，路过的孩子们总喜欢探着小脑袋向里望。看到我在里面，他们便会又蹦又跳地进来闲聊一番。办公室里的一切物件都令孩子们好奇，两台各异的电脑、摆着抱枕的沙发、桌上备着的糖果零食、花瓶里的花等。

　　可近来，孩子们对一面"墙"产生了兴趣。有的孩子说在电视里见过这面墙。嗯，说得也对，每周的园长讲故事背景里，都会有这面"墙"。也有的孩子说，那里有她画的画。嗯，确实有。一些孩子送来的画，被我粘贴在了那面"墙"上。这面"墙"，不是别处，正是我办公桌正对着的书柜一扇门。

　　自从办公室里有了这个柜子，这扇门就担当起了我与孩子们的联系小平台。我不在办公室时，大家留下的便条，过节日时，孩子们送来的手工画，当然，还有来自"外太空的信"等都贴在这扇门上。

　　一点一滴，都是我与孩子们之间美好故事的连接。

　　向日葵班的娃娃们送来了象征自己班级的向日葵花，见我不在，老师便留下了字条："小班的向日葵们每隔一段时间就会送到教室一束花，这一次他们要送给带来许多故事的园长阿姨，祝愿：每日绽放，香气满屋。"

大大班的孩子们去了田园校区，采了野花做了花束送来，附赠的爱心形状的卡片上，老师代写下了这样的话语："今天，我们大大班小朋友们去田园校区啦！那里的景很美，花也很漂亮，我们采了几支黄色的花送给您，希望您喜欢！悄悄告诉您，您的故事，我们都喜欢听，谢谢您！"

艾瑞德小百花戏剧社的演员们送来了以合照为背景的邀请函，漂亮极了。作为珍藏，我把照片贴在了墙上。教师节，孩子们画的画，祝福我教师节快乐。歪歪扭扭的字迹，用心折叠的花朵，都让人童心永驻。

有一次孩子们到我办公室玩，他们听我讲解的样子可爱极了。那样温馨的一幕被同来的老师拍了下来，并洗成照片送了过来，我将照片贴在了这面"墙"上，照片里的孩子们也透过"电视"找到了自己。

一面墙，让我和孩子们有了更密切的联系，也让办公室多了许多可探讨的话题；承载了我们的欢乐，也记忆下了我们之间的可追忆的点滴。

墙上的素材还在继续堆积，我们的欢乐也还将继续！

故事里的童年

每个周一，幼儿园的孩子们都会有一节故事课。故事课本不少见，却因为是"园长阿姨"讲的故事，便让他们有了别样的期待。

第十九周的故事，我为孩子们选择的是绘本《胡萝卜火箭》。之所以选择这个故事，是因为幼儿园中班组的孩子们正在探索好吃的食物，孩子们曾在课堂上泡黄豆、煮黄豆、磨豆浆，热闹一片。而《胡萝卜火箭》的故事则能把孩子们的注意力从食物本身转移到想象力的部分。这是一个全新的思路，或许对于孩子们课堂的改进能有一些启发。

故事本简单，但故事之后，为孩子们加上了乘坐火箭遨游太空的视频，一切也就丰富了。按照惯例，每次故事讲完之后，我总会建议孩子们"聊一聊"，聊一聊自己的感受，聊一聊自己的所思，也聊一聊故事中的成长及收获。而在今天的故事之后，我则换了思路，邀请孩子们来"画一画"。

中午时分，走在幼儿园的楼梯上，来来往往的孩子看到我之后，便开始了"叽叽喳喳"："园长阿姨，你今天讲的胡萝卜火箭的故事好好玩啊！""园长阿姨，胡萝卜真的可以变成火箭吗？""园长阿姨，我发现电脑的鼠标像一只老鼠。""我发现教室里的钟像汽车的轮子。"听得出来，胡萝卜火箭的故事都有认真聆听。

下午的时光里，我在幼儿园里随便走走，却在不经意间收获到了满眼惊喜。孩子们结合《胡萝卜火箭》的故事画出了自己的观察，教室里的水杯、茶壶、鼠标、纸箱、医药箱等，凡是视野范围内，皆有畅想和惊喜。问孩子们是否喜欢这个故事，齐刷刷地喊出了"喜欢"。我无从知晓这份喜欢里有几分真假，但这已不重要，因为这样期待的周一，早已成了我们无言的默契。

故事，是连接我们的纽带，让每个周一有了一份特殊的念想。这份念想，也是我们彼此前行的动力。故事，也是童年的营养液，润物细无声里，浸润着童年里向上生长的足迹。在开启周一讲故事前，曾粗略算了下，若一个孩子在幼儿园里读 4 年，每周一个故事，到毕业时就会听到 200 个左右的故事。这份累积一定会为孩子的生长助力。

据一位老师分享，孩子们对于周一的故事时间很期待。曾有班级孩子在回到家时，向上小学的姐姐炫耀："我们每个周一都会听园长阿姨讲故事。"惹得姐姐羡慕不已。更有孩子向父母表达，每个周一都会和园长阿姨见面，当问及周二至周五为什么不见面时，孩子回答："只有周一她才上电视。"原来，线上的见面方式早已深入孩童的心里。童年是多彩的，也是美好的。

在艾瑞德，每一位孩子的童年里，除却美好与多彩之外，还是生长在故事中的。故事里的童年，让童年美好无极限！

第二章

教师篇

我在想你

　　我脑海中浮现出这样的场景：学校连廊的照片墙边，我望着你的照片留下了泪水，那是因为我在想你！写下这行文字，眼眶里已是满含泪花了。

　　这个故事不是发生在我的身上，却带给我极大的触动。一个小男孩在教师照片墙下看着自己昔日里老师的照片，他用双手把老师的照片从照片框中轻轻取出来，边取边流下了难过的泪水。这是发生在校园里一个微小的故事，却也是一个感动着无数人的故事。

　　小男孩名字叫石昕航，他在照片墙处抽取的那张照片是王倩老师的。那是一个午后，吃过午饭，准备回办公室的翁文千主任经过照片墙处，看到一个小男孩在照片墙那里站着一动不动。文千主任也慢下了前进的脚步，紧接着，他拿出手机拍摄记录了整个故事发生的过程。石昕航对着照片墙上王倩老师的照片一直看，看着看着，他开始哭了，并伸手将照片框里王倩老师的照片轻轻取了出来。直观地感受到：想王老师了！

　　王倩老师是幼儿园里的一名老师。去年的 9 月，在自己所带的大大班迎来了这个名叫石昕航的孩子。孩子在走进艾瑞德幼儿园之前，曾被 3 个幼儿园拒绝入学。在老师和家长的深度沟通后，才有了和艾瑞德的这场相遇。这样的相遇带给王倩老师的挑战可谓是家常便饭，从开学初和班级里孩子们之间的不融洽，到孩子们频繁向老师告他的状，甚至还一度给幼儿园也带来了困扰；即便是在这样的情况之下，王倩老师也从来没有想过要放弃，每一次都收拾自己的心情，和孩子一起面对眼前的一切问题。

一年的时间，说长不长，说短也不短，在日复一日的相处中，石昕航在王倩老师处找到了安全感，也有了依赖感。每天上学时，他开心地和王老师打招呼，每次放学时，也都要和王老师说再见。他们彼此之间，已超越了师生关系的亲密。

在暑假里，王倩老师接过了集团幼教事业发展需要的重棒，前往了艾瑞德惠济区的澜庭叙幼儿园工作。在新学期开学后，石昕航在这个熟悉的校园里四处寻找，却怎么也找不到王倩老师的身影。一天找不到，两天找不到，一直找不到，这让昕航很失落，而照片墙上的照片也成了他们之间唯一可以连接的物件。

对着照片墙上王倩老师的照片哭泣，透出的是石昕航对于王老师的想念。他不知道怎么才能找到王老师，或许，照片墙上的照片是王老师留在这个校园里唯一的印记！

石昕航拿着王倩老师照片哭泣的视频让我想到电影《我和我的祖国》中那个白昼流星的故事。我想，王倩老师可不正是那颗从天而降的白昼流星嘛，在石昕航短暂而又美好的童年生活里增添了精彩的一笔。

只因在幼儿园上班

因为在幼儿园上班，老师们每天给予陪伴最多的，是班里那些和自己毫无血缘关系的孩子，而自己的孩子却常常忽略去接。小班的麦子、苹果班的皓皓常常是班级里接得较晚的孩子，只因为他们的妈妈在幼儿园上班。老师们照顾了班里的孩子，常常会忽略了自己的孩子。班级里孩子们的一举一动都牵动着老师们的心。她们悉心照顾每一个孩子的吃喝拉撒睡，还要时刻关注孩子们因身体不适而带来的情绪波动；而对于自己的身体，却常常无暇顾及。

因为在幼儿园上班，老师们每天总会有忙不完的琐碎之事，理不完的孩子之间的矛盾，破不完的"案"。尽管如此，每天在巡班时，我依然能看到脸上带有笑容的她们，激情澎湃地和孩子们一起游戏、一起玩耍、一起唱歌、一起画画。忙碌的一天过完，她们也很少能准时下班回家，每天晚上6：30或7：00，幼儿园里仍然有她们在加班的身影。夜深才拖着疲惫的身体回家，第二天再见到时，已经和孩子们一起在玩耍了。

因为在幼儿园上班，她们似乎已经练就了三头六臂的本领，哪儿新开了适合孩子游玩的项目，哪儿可以让孩子们对学习更有趣，哪儿带孩子们去了一定会有收获，等等，她们总是能知道。一个学期下来，少则也会带孩子们出去十几次。其实，她们可以选择不这么做。之所以这么做，只因想给孩子们的童年增添色彩。所以，顶着中午的大太阳去踩点，开着自家的车去跑路线，她们心甘情愿！每一次带孩子们出去，她们都要承担着比在学校时多三五倍的操心，要耗费掉更大的精力。但，她们毫无怨言！

因为在幼儿园上班，她们每天都在提醒着孩子们多喝水，因为担心孩子们生病或嗓子不舒服；而对于自己常常沙哑的嗓子，却毫无时间去顾及。即使生病了，也不愿意请假，自己戴上口罩和孩子们交流、游玩，生怕自己生病会给孩子们的成长带去负担。生病住院的刘莹老师前一天还在幼儿园里上着班，第二天就入院手术；距离预产期还有不到一个月的王雪老师，坚守岗位至最后一天。不为别的，只因为放心不下那些孩子。

因为在幼儿园上班，她们不敢放松对自己的成长要求。坚持读书，勤于写作，都是她们收获成长的重要途径。早晚上下班的地铁上、接送孩子的校车上、等孩子们中午睡觉的间隙，等等，她们都会捧起一本书在读。关于写作，她们坚持在 QQ 空间的日志里记录着教室里孩子们成长的经历。

因为在幼儿园上班，她们也会有心烦意乱的时候，会有偷偷掉眼泪的时候，会有不被他人理解、众多工作交集而烦恼的时候。面对这些，她们也总是会选择坚强，把眼泪往肚子里吞，把烦恼慢慢理顺，拿出自己好的一面，来面对教室里那一群可爱的孩子！

每一位幼儿园老师都是一个爱的使者，她们在用自己的行动播种爱、传播爱。致敬艾瑞德幼儿园里的每一位老师，也致敬在幼儿园上班的每一位员工！

○ 花的念想：幼儿园里的小美好 ●

瑞德教师

在艾瑞德的"三观"中，将教师观"每一位教师都是珍贵的存在"放在了首要的位置。

我们认为，唯有教师先珍贵起来，才会有学生的美丽不同及学校的和谐发展。每月为教师发放一本书，大家共读并分享；每月组织教师观看一部电影，身心愉悦，劳逸结合；每月听一场专家报告，跟着名师打开成长新方式；坚持教师成长"五件套"的深度践行，让成长看得见；送上神秘的节日祝福，让珍贵落实在行动中，如此等等。

自 2020 年 6 月起，"瑞德教师"的评选被纳入了教师发展的内容中。"瑞德教师"，是艾瑞德"有温度、有高度、有故事、有本事"四有教师的显现。自评选以来，张文芳、魏静、帖凯、张文青、王冰、黄冬燕等一些老师站上了领奖台，捧回了这份殊荣。在她们的身上，我们看到了"瑞德教师"该有的模样，也看到了成长努力的方向。

在期盼中，我们也迎来了幼儿园里评选出的第一位"瑞德教师"：她是幼儿园的一名老师。在幼儿园大大班，她是孩子们心目中的一位"女神"，她漂亮、温柔、会讲故事。每次到了假期，孩子们也会常常问爸爸妈妈："什么时候可以见到朱老师？"孩子们口中的朱老师就是朱明慧老师。她于 2017 年入职艾瑞德国际幼儿园，对孩子周到体贴，对工作踏实勤勉。2019

年，朱明慧老师中途接任大班班主任，深度践行艾瑞德"每一位学生都是美丽的不同，每一位家长都是重要的链接"的儿童观、家长观，圆满完成了班主任更换后的班级过渡期各项工作，受到了全班孩子的喜爱和家长们的一致好评。

朱明慧老师不仅在班级工作中表现出色，在园内有任务时也乐于主动承担，幼儿园"艾果亲亲电台"的维护更是离不开她的默默付出。在她心中，自己多奉献一份热忱就是对这个"有温度有故事学校"的最大回馈。面对孩子，她有低下头来的温柔；面对工作，她有挽起袖子的干劲！由此，特推荐朱明慧老师为本周光荣的"瑞德教师"！

站在国旗台前，宣读着以上这段话，明慧老师过往中的点点滴滴浮现在脑海与眼前。记得一次晚上 10：40，在马路上遇到了回家的她，只见她一手抱着工作文件一手拎着买的晚餐。问她是外出了吗，她回答，刚从学校回来。因为白天孩子们在校时，需要照看孩子、上课，所以也只有到了晚上才有时间整理简报、书写班级日志等。向她道声辛苦，而她笑盈盈地说，自己没结婚，回家也没啥事。

耐得住辛苦，熬得住付出，是明慧身上珍贵的品质。瑞德教师，当之无愧！祝贺明慧，收获"瑞德教师"光荣称号！

多面优秀的你

　　2020 年 10 月 20 日，幼儿园张秋英老师在学校国旗台下被授予了"瑞德教师"奖。嗯，也不只"瑞德教师"，还有优秀校车工作组的荣誉证书。如此收获奖项，配上收获的秋季，可谓是绝了。

　　升旗仪式后，可爱的秋英捧着"瑞德教师"获奖证书来到了我的办公室，要求合影一张，我自然开心与其合影。站在无比灿烂的她身旁，加重不少我的沧桑，但内心的火热也掠去不少荒凉。

　　拍完照，秋英开心地说，今天是她的高光时刻。也是，从她脖子以上的部位就足以看得出来。为了上台领奖，她画上了从未有过的浓妆，还特意梳理了发型。若不是看到航航（秋英儿子）在幼儿园晃荡，还真以为她今天是要去结婚呢！当然，这样高规格地对待一件事情，也是秋英惯有的风格。但凡重要的事项，但凡重要的日子，但凡重要的时间，但凡重要的场合，秋英总是会如此精心准备一番，所以，眼前一亮是常有的事。

　　"童话故事节"里她扮演的美人鱼，可谓是点睛之笔，吸引了一批又一批的观光"游客"；教师技能大赛里的精彩装扮，简直演活了王子，加上现场啃吃大白萝卜，令在场的所有人笑得前仰后合；团拜会上，客串演出的婆婆，差点儿抢了主角的风头；就连到西华幼儿园的分享交流，也不忘把自己的"特色"带给更多的人一起欢乐。每一次她的出现，总会给人带来惊喜，每一次她的亮相，总能让人不由自主竖起大拇指。所以，"瑞德教师"的光荣称号落在她的头上，毫无违和感。

工作中的她，极其认真又细心，浑身上下总有使不完的劲。对待课堂，总有很多点子；对待孩子，总有很多办法；对待工作，总有无限激情；对待生活，总有满满热爱。5年前，她就已经是一位优秀的班主任了，奈何，她自己却申请做回配班。做配班，不是为了偷懒，而是用自己的行动让搭档的班主任无忧。用她自己的话说，就是愿意多干活，而事实也证明，她不仅多干，还干得漂亮。

每周的教研会议，她都会拿个电脑啪啪啪敲字，那是她在做教研会议记录。不是她分内的工作，却也干得乐呵。疫情防控期间，她和阎幸幸老师一起负担起了幼儿园的新闻稿件推送，定时、准时发送，仅是她们工作的起步。为了让这份链接更加真实有效，她们不断打磨、研讨，并尝试调整新途径和花样，让幼儿园的稿件高效又多彩。

生活中的秋英更是一个体贴的主儿。年迈的婆婆、腿有伤的老公、年幼的孩子是秋英家的重要组成部分。可尽管如此，依然没有影响她对生活的热爱。照顾家庭是责任，乐乐呵呵是常态。如今，这一切都在秋英的操盘中走向美好。就如龚涛校助说的那样："优秀的人，会有很多面的优秀。"秋英正是如此。

男幼师

　　说起男幼师，在幼儿园工作的同人们都知道，这是个稀缺资源；求学时，同专业的男同胞就少得可怜，一个班多则两三个，一整个年级也不会超十余个。这些男幼师，身边的大多数同学都是女性，加之毕业后工作的幼儿园环境更是女多男少，男幼师难免就动了改行跳槽之心，久而久之，留在幼儿园工作的男性教师就少之又少了。

　　很荣幸，在我们艾瑞德国际幼儿园里，有两名男性教师，他们用自己的方式和孩子们进行着互动和课堂体验，给孩子们带去了非女教师一般的课堂体验，这种课堂被孩子们深深喜欢着。

　　幼儿园里的贾东辉老师是自幼儿园一建园就加入的成员。俄罗斯儿童心理学专业留学回来的他，在这 7 年多的时间里，曾用不同的方式出现在孩子们的面前。从 2019 年开始，贾老师在幼儿园里开设了食育课。食育课是在全园推广的课程，贾老师会到各个班级去给孩子们上课，每次去上课，都会受到孩子们的热烈欢迎。自贾老师的食育课开始以来，幼儿园的孩子们对于"吃"这件事也有了新的心得体会。更是有大批量的孩子，把在食育课上学习到的技巧带回家里展示，并做给爸爸妈妈吃。如此一来，食育课的受追捧度随之又高涨了几度。

　　除了贾老师之外，在我们的幼儿园里还有一位男教师的存在，陈铭阳老师。陈老师是播音主持专业毕业的，在学习播音主持的期间，陈老师报考学习了学前教育专业，在大学毕业时，陈老师同时收到了幼儿园教师资格证。自此，开启了他在幼儿园里的工作之路。在这 3 年多的时间里，陈老师成功俘获幼儿园小萌娃们的心。校车回来的路上，怀里抱着小雨点，幸福不言而喻；一节又一节的户外活动上，小萌娃们在陈老师的带领下简直嗨翻天。因为有了男性幼师的存在，幼儿园的孩子们成长有了不同的样子。男幼师身上的阳刚之气、独立之人格、自信和潇洒是作为女性同胞身上所不具备的，有了男教师的存在，幼儿园的孩子们也有了更多更大胆的行为，尝试使用刀来切菜，尝试户外锻炼新形式，等等。

河南电视台都市频道的记者到幼儿园里来采访贾东辉老师，一节食育课，一场和孩子们的游戏互动，让记者朋友对于幼儿园的男教师有了深入的认识和了解。在和记者的沟通中，我们得知，在他们以往走访过的其他幼儿园里，是没有男教师出现的，在他们的意识里，幼儿园男教师是一个稀缺资源，今天的实地了解后，让他们对于幼儿园里的男教师有了新的认识。采访贾老师之余，记者还随机采访了几位幼儿园里的女教师，说起幼儿园里的男同事，大家也都纷纷表示这些男教师身上具有女性同胞们身上所不具备的优势。通常，幼儿园里的男教师会被大家形容为幼儿园的"大 F"。

在这稀缺资源的背后，也带给我们深深的思考：到底是什么原因造就的幼儿园男教师如此之"缺"？在社会日益向前发展的今天，男幼师应成为大家愿意停留的岗位才是！

中国的幼教事业需要一些男性同胞的加入，中国的幼教事业也应该成为一些男性同胞的追求！幼教事业的发展关系着国家教育事业的发展，欢迎更多男性同胞加入幼教行业，共同建设中国幼教的明天！

绵羊老师

绵羊老师，意指幼儿园里的陈铭阳老师，由于与"铭阳"谐音，也源于孩子们喜欢，所以，"绵羊"的称呼在幼儿园里很快就传叫开了。

绵羊老师在幼儿园里参与体育活动教学，他的户外游戏可谓是"深得人心"，而绵羊老师本人也是孩子们公认的喜欢对象。

幼儿园里常常会有一种现象：户外游戏之后，一群孩子围着陈铭阳老师不忍离去，并嚷嚷着问："绵羊老师，明天还能玩这个游戏吗？"看着孩子们那意犹未尽的眼神，绵羊老师不免有些左右为难。体育课之所以如此受欢迎，其背后是铭阳老师的用心付出。

每每在幼儿园楼梯上、走廊上看到孩子们脸上无比灿烂的笑容，听到略有夸张的欢呼声，不用问就知道，孩子们是要去户外游戏了。如此鲜明的"喜欢"背后，绵羊老师的体育课到底是什么样的呢？透过一些镜头，让我们一起走进绵羊老师的游戏课堂！

镜头一：学校大操场

由于和小学同在一个空间之内，所以，一些资源也得到了很好的共享，就比如校园里的大操场。孩子们的体育活动，绵羊老师就把地点定在了大操场上。结合《3～6岁儿童学习与发展指南》动作发展目标2中5～6岁儿童教育目标：能单脚连续向前跳8米左右，绵羊老师设计了一节跳圈圈的游戏活动。

从热身开始到结束，大班的孩子们均沉浸于之中。一个看似简单的圈圈，也成了绵羊老师课堂上无比珍贵的存在。透过办公室的窗户向操场方向望去，感受着孩子们在操场上的欢愉，不免有种冲过去和大家一起玩的冲动。

镜头二：音体教室

由于天气原因，户外游戏的计划经常被无情打破。但好在，虽然户外下着雨，丝毫难不倒点子多多的绵羊老师。只见绵羊老师用音体教室的桌子很快就变出了丰富多样的闯关游戏。高高窄窄的独木桥、圆圆小小的山洞等，一下子吸引了孩子们的眼球。

看着错综复杂的音体教室，孩子们觉得新鲜的同时也略有担心，嘟嘟悄悄对绵羊说："老师，我害怕。"只见绵羊老师俯下身子，对嘟嘟说："老师会在旁边保护你，和你一起来闯关，你来试试。"很快，在绵羊老师的陪伴和鼓励下，小朋友们一一闯关成功，不知不觉游戏时间就过去了，孩子们不舍和绵羊老师道别，还未走出音体教室便着急地问："绵羊老师，明天还能和你一起玩这个游戏吗？"接着，一群孩子扑向绵羊老师，呼喊着："明天还能玩吗？""明天还能玩吗？"

当然，绵羊老师的游戏活动还有许多其他的镜头。比如，结合《3～6岁儿童学习与发展指南》动作发展目标，绵羊老师为4～5岁的孩子们设计了篮球活动，花式拍打篮球的技艺，博得了不少孩子们的好奇。再比如，为了满足不同年龄段孩子的活动需求，绵羊老师利用休息时间自学轮滑，带领孩子们一起感知轮滑的神奇与魅力等。

绵羊老师用行动缔造着户外活动的"多彩"，也让幼儿园里的孩子在活动中感受着快乐。

终将美丽的坚守

悠闲的时光里，几位老友悠闲地喝茶聊天谈心，都是 30 多岁的人了，聊起近来的工作状况不禁感慨万千。大学毕业后，有人选择了和自己所学专业相关的体育教师，近 10 年在体育教学方面的不断耕耘，也有了自己的一套教学方法和思考。走过的路中，有过困惑，但最终都成为了成长中的历练。

也有人在毕业后选择了下海打拼，曾打过工，也开过小店，也卖过小吃，走至今天，想要找一份工作稳定下来时，却发现有点儿找不着方向了。面对日益迅速发展的社会，面对不同行业的专业要求以及后来者居上的新晋毕业生，不得不承认，会觉得因脱离所学专业太久而无法迅速融入。

面对此时的不同局面，几位老友不禁感慨：所有走过的路，都会成为人生的铺垫！任何行业，走进去了，好好坚守，都会遇见美好的未来。

不禁让我想起了幼儿园里的几位老师，她们不是学前教育专业毕业出身，却源于对孩子们的热爱，在一毕业时就选择了幼教这份工作，而经过了近 10 年在幼儿园里的默默耕耘，终于在幼儿园里遇见了绽放的自己。

说起这份跨专业的坚守，不得不提的，就是幼儿园里的王倩和符君老师。王倩老师在大学修学的专业是音乐，弹得一手好钢琴的她，在刚进入艾瑞德时，面试的是小学音乐老师，却源于一份意外，来到了幼儿园。从跨入幼儿园至今，已走过了将近 10 个年头之久，这些年来，王倩老师从小班带起的第二批孩子也要毕业。自此，陪伴了两批孩子的幼儿园生活，终也让王倩老师寻找到了和孩子们相处的各种友好模式，不仅赢得了孩子们的喜欢，也赢得了家长们的心声！

另外一位就是符君老师。符君老师在大学时，主修专业为美术。爱画画的她，更爱和孩子们在一起的欢乐时光！于 2012 年加入艾瑞德队伍的她，从一名新手学起、做起，激情澎湃的她在工作中总是一副风风火火的样子。而这种风风火火，也让班里的孩子们在她的课堂上获取着不同的快乐！几年来，她送走了自己带的第一批孩子们，而今又和第二批孩子携手并肩走至了幼儿园生活的第三个年头。如今的她，除了带好自己班里的孩子们之外，也常常会为园所带来许多创新，如漂流的小黄书包、废旧物品的回收再利用等。在沿着幼教这条路前行的过程中，符君老师爱上了这份工作，在辛勤地耕耘中，她也找到了属于自己的小天地！

对于一份工作的坚守，会让自己在工作中找到快乐的源泉；对于一种职业的坚守，会让自己在职业领域里成为"专业"人士；而对于自己的选择坚守，则是对自己未来最好的表达。坚守，终将会让自己的未来美丽！

推动小船的那只手

　　在艾瑞德，四季恒温的游泳馆是小朋友的最爱，除了日常的游泳课，也会有精彩的活动在游泳馆展开。

　　第三届童话故事节中，游泳馆成了活动一角，也是一个亮点，漂亮的美人鱼公主吸引了众人的关注，也引来了不少的小游客。每一个来游泳馆的小游客，乘坐一下游泳池里的救生船是必不可少的一项。泳池里两艘小船承载着小小游客在水面上穿梭而行，这是一趟营救美人鱼之旅，亦是一趟开心之旅，每一个乘坐在小船上游玩的孩童都开心地笑着、乐着、欢呼着。

　　开心，是孩童脸上的彰显，而在这开心的背后，却有两个人在用自己的双手推动着小船前进，助力着孩童的笑脸。这两个人是游泳教练袁立龙和幼儿园男神陈铭阳。他们站在水里，手紧紧地拉住漂浮的小船，小船的每一点前进，都是他们在用双手向前推动的，每一张笑脸也正是因为这双手的呵护与推进才更加灿烂。

　　一个上午，游泳馆里的人来来往往，络绎不绝，小船在游泳池里来来回回，没有停歇，而推动小船的那两个身影，也在泳池里游去游回，不曾离开。

　　推动小船前进的那双手，是呵护孩童童心的手。在孩童的世界里，纯真美好需要呵护，灿烂笑脸需要呵护。潜在水里的身影，用自己的双手在尽力呵护着这一切。

推动小船的那双手是守护孩童安全的手。1.8 米深的泳池里注入了满池的水，而爱玩水是每个孩童的天性，玩水之时的安全是不得不思考的重要问题之一。两位老师以无言的行动用双手守护着，那双手写满对孩童的爱。

走进游泳馆，乘坐小船的孩童队伍已经排至了游泳馆门外。为了让孩子们减少等待的时间，老师们调整了每次乘坐小船的人数，而调整之后，给袁立龙老师和陈铭阳老师的推动工作也增加了压力。我站在岸边看着水中的两只小船如常行进，两人把身体埋藏在了水里，用尽全身力气在推动船只前行。两个人无间断地在水中这样来回行进，不仅助推船只的往来，也助推着童话故事节给予孩子们的美好。

那双手是一双普普通通的手，也是一双承载着孩子欢乐、被呵护和关爱之手。推动小船前行的那双手，也推动了孩童们的欢声笑语。

御用化妆师

幼儿园教师张萌有一个特殊的身份——御用化妆师。

幼儿园里，大大小小的活动层出不穷，音乐节、童话故事节、迎新年庆祝会、团拜会，等等。每一次活动开始前，张萌都忙得不亦乐乎，为主持人化妆、为演出者做造型、定妆，等等。常常是，不见张萌老师的身影，却随处可见她的"手笔"。

还记得第一次得知老师们推荐张萌为主持人化妆时，我很是诧异。小小个子的她，在工作中极少化妆，为什么大家会推荐她呢？了解后才得知，张萌老师在毕业后，曾有过在摄影工作室工作的经历，那段经历里，她为拍照的人化妆、定妆、做造型。所以，在来到幼儿园之后，帮助老师们做主持妆容、表演造型，于张萌老师而言，并不是什么难事。难能可贵的是，张萌老师从未拒绝过老师们的诉求，也从未提过额外的要求，就连给老师们化妆的化妆品，都是她自己从家里带过来的。

几次这样的经历之后，张萌老师不仅成为了幼儿园里的"御用化妆师"，也成了整个学校里的"化妆第一人"。后来，在学校为老师们开展教师拓展课时，建议张萌为大家开一节化妆课。

接到这个任务的她略有惊讶，但很快，她就将这份惊讶化为了满满的力量。每一次化妆课之前，张萌老师都会极其认真地准备PPT，并整理好上课用的所有设备。上过张萌老师化妆课的老师都拍案叫绝，竖起大拇指说："够专业！"

认真对待教师拓展课，是张萌老师接到这份任务时给予的态度。我更想说，认真、负责是张萌老师工作中一贯的作风。在幼儿园里，但凡交给张萌老师的任务，她总是能出色地完成。对待班级里的孩子们，张萌老师也总是细心地呵护每一个。

受学校行政中心的邀约，张萌为全校老师们做《春正浓·妆亦美》的分享。除却精心准备了PPT之外，张萌老师还邀请了肖燕老师、胡瑞杰老师女儿作为现场上妆嘉宾。前半场的分享中，张萌老师结合PPT讲解了妆的演变、日常妆容的几大要素以及不同肤质适合的妆容。后半场的分享中，张萌老师透过镜头，为大家进行实际操作。同行的小伙伴们直呼："太实用了！"

化妆，让每一个平凡的自己走向精致，化妆师也无私地将自己的化妆心得与大家分享！

多　劳

　　校园之内，每位老师都有自己的"一亩三分田"，或班级老师，或岗位职员，或守好一个班。守好自己的田，做好分内的事，是应尽的义务，也是肩上的责任。

　　校园之内，也会有着许多"边缘之事"，或对接临时安排，或分担额外任务。这类事没有固定时间，也需要技术支撑。比如，近段时间在校园里盛行的抖音拍摄、每个周末园长故事的编辑，等等。这部分的工作说重不重，说轻也不轻；但也超出了老师们"一亩三分田"的范围。按理说，面对这些"额外"的负担，每个人都有说"不"的权利，也有说"NO"的理由。但，无一老师如此做。

　　幼儿园毋丽萍老师是班里第二任老师。在这个班里，因班主任有担任校车接送的任务，所以，班级之内，丽萍的分内之事已超出了责任。年轻的丽萍老师面对超额的任务，不仅从容面对，更是毫无怨言。记得一次和丽萍聊天时，向她表达辛苦之意，却意外迎来她"这是给我成长机会"的回复。她的这份"成长"心态令我吃惊，但更多的是"心安"。

　　心安，是源于一位年轻教师的自愿多劳。心安，是感动于多劳之时有平和的心态。

　　自 2020 年 3 月初，我们启动了每周一《园长讲故事》栏目。启动一个栏目并不难，我每周给孩子们讲一个故事也不难；但，这份不难的背后也有一些"难"。难，是因为故事需要编辑，固有"编辑小白"之称的我当然需要技术人员的支持。正当我不知所措时，园内推荐丽萍来担任每周故事的编辑。这份责任是分内之事的"额外"，所以，刚开始，我多有担心，担心丽萍的肩膀是否可以承担起，担心这份多余的劳动是否会为丽萍带去烦恼。

带着这份担心，我将录好的开场、故事语音、结束及故事图片一一发给了丽萍。大约 4 个小时之后，钉钉上，我收到了来自丽萍发来的消息，那是整合好的故事视频。发给她的几个片段被很好地"粘贴"在了一起，成了一个完整的融合体。我不知道，她用什么方法为这个故事做了"手术"，但我猜想，刚刚过去的几个小时里，她一定是尝试了很多种方法，用了很多专业的技术。

时至今日，《园长讲故事》栏目还在继续，这份"多余"的任务一直被丽萍认真地制承担着。

她曾向擅长视频剪辑的苗晓洁老师求助、学习，也曾一遍又一遍对着字幕修改。周末，她忙碌地加班剪辑、整理。这不是丽萍分内的工作，却也被她认真地坚持着。

这是她工作之外的"多劳"，也是加在肩上的"重任"。

多劳的背后是一颗乐于自我成长的心，是一双勇于担责的肩膀，是一份值得托付的信任。

现在的丽萍在视频剪辑整理方面可谓是一把好手。这也都源自她愿意的"多劳"。

都说，能者多劳；其实，也唯有多劳，才可能成为能者！

狠　心

　　清晨，我会怀着喜爱之情在幼儿园的走廊看看可爱的孩子们。一天早上转班，在小班的门口看到了一个"狠心"的画面。

　　杨志慧老师把一个哭闹的小男孩递给了小班的老师，紧接着便关上了教室门，然后转身离开。我经过时，正好听到了孩子的哭喊声："我要找妈妈！我要找妈妈！"顺着声音望去，只见小男孩正望着门口的地方，伤心欲绝。这个小男孩是杨志慧老师的儿子。那一刻，我不免觉得志慧太过"狠心"了点儿。

　　志慧老师的儿子近 3 岁，和小班的孩子们一样，是幼儿园里新晋的萌娃。与同伴孩子一样，他也有"入园焦虑"；所以，哭是唯一的表达方式。面对儿子的哭闹情绪，志慧老师没有心软，依然坚持让儿子到班。看着转身离去的身影，不禁为她的母爱"捏把汗"，那个哭闹不堪的孩子才仅有 3 岁啊。

　　透过窗户，我看到那个哭闹不已的孩子在老师的安抚下，情绪渐渐平缓，仿佛也可以想象得到，大约一周后，他将会对这个班级"爱之深切"的模样。

　　原本打算上楼，不禁调整了方向，转身走进了中班的教室，想要去看另一个孩子。走进中班，孩子们正在吃早饭，有过一个学期磨合的孩子们明显已经进入了"幼儿园状态",有见到我问好的,有着急埋头吃饭的,还有吃完饭在看书的,等等。

一阵寻找,也终于看到了目标——陈芊诺。芊诺是符君老师的孩子,之所以来看她,是因为早上在蔷薇之门看到了"狠心"的一幕。符君老师每天早上会迎接幼儿园孩子们入园,今天亦是如此。8:00左右,芊诺被爸爸抱着送到了校门口,或是早上没睡醒的缘故,也或是看到妈妈的缘故,芊诺哭着要妈妈抱。当然,符君老师也顺手从爸爸怀中接过了孩子;但就在一个转身中,符君老师便将怀里的孩子递给了班主任邓倩老师。

尽管孩子依然在哭闹,尽管孩子要找妈妈,但符君老师仿若什么都没听到,继续迎接着到来的孩子。邓倩老师抱着哭闹的芊诺回到了中班。此时的芊诺早已没了哭闹的模样,正在开心地吃着早饭,仿佛早上的那一幕不曾发生过一般。

走出中班,在一楼的走廊尽头,我看到了志慧老师正带着自己班里的孩子们外出活动,一边走一边和孩子们讲着即将要玩的游戏。她身后的娃娃们叽叽喳喳,开心极了。而符君老师也正在忙前忙后地奔波着,为大大班的孩子们对接小学衔接课程。

看着两个人的工作状态,若不是自己亲眼看到了那分别的一幕,真不敢相信,她们竟会如此"狠心"。作为3岁孩子的母亲,面临与孩子的分离,不免担心和焦虑,但她们为什么要如此"狠心"呢?我想,应该是一种责任与相信吧!因为,她们知道,在自己的班里有一群孩子在等着自己,也知道,有更多的孩子等待着她去呵护。当然,她们也相信,孩子的老师会尽心呵护每一个孩子。

如此"狠心",是众多老师的"缩影"。在幼儿园里工作的老师们从不因为孩子离得近而被"优待",也从不因为家长离得远而孩子被"忽略"。

破　茧

伴随着夕阳西下，老师们也陆陆续续离园，幼儿园 3 楼的大班却灯火通明，原来是在进行教研会议。会议上有高盼、崔正岩两位老师的分享，我期待万分。

第一位分享者是高盼老师。她来到艾瑞德幼儿园已有 5 年，从最初的保育员到如今的教师岗，5 年来的摸爬滚打，让她蜕去了一层"皮"。而这层"皮"的蜕落，也让她与孩子的距离更近了。

分享中，她娓娓道来与孩子们之间的故事，也讲述着自己这一路走来的心得体会。看得出来，为了这次分享，她用心整理、梳理了许久。令我印象极为深刻的，是高盼老师讲述自己第一次写"家园联络册"和"观察与引导计划"的场景。第一次写联络册，为了避免自己的语句及措辞不当，高盼老师准备了一个日记本，将要书写的话语在日记本上"打个草稿"，再让班主任老师、隔壁班的老师帮忙批改。当批改过关，高盼老师才将那些话语写至孩子的联络本上。一次又一次地练习，一次又一次地修改，不厌其烦是她的态度，字字斟酌是她的用心。

面对"观察与引导计划"的书写，则是有着和写联络册相似的经历与场景。刚开始写的几个周末，常常是钻进班主任的家里，接受手把手的帮助。听高盼老师的分享，宛若看到她精进的模样一般。若不是分享，真的很难想象，一个幼教圈的"小白"是怎么一路披荆斩棘、突破重围的。

第二位分享者是崔正岩老师。崔老师是刚加入艾瑞德不久的"新手"，但这位新手可谓是幼教界的"老手"。有着数年幼教工作经验的她，对幼儿园里的日常驾轻就熟；但来到艾瑞德，彻底颠覆了她的一切。崔老师在分享中说，听到了生命拔节的声音，推翻了从前的过往，却又乐在其中。她和孩子们一起探索有关中国的故事，孩子们的知识储备令她惊奇；她和孩子们一起参加升旗仪式，又和孩子们一起在吕静老师的讲解中学习升降国旗的点滴，娓娓道来，又不失乐趣。

如此近距离地聆听两位老师的分享，我还是第一次。除却分享的内容动人外，还看到了她们破茧蜕变的努力。破茧，是毛毛虫成为蝴蝶的必经之路，意指冲破了厚重的茧，才能迎来新生。站在我面前分享的两位老师不正是如此嘛！她们俯身从一点一滴做起，也把过往里的经历推翻，为的不正是破茧而出时能有更精彩的自己！看着眼前的两位，也遥望着正在西华艾瑞德做分享的王仁娇老师，那也是一段破茧之路，带着一群人走向新生！

破茧的过程是痛苦的，但唯有勇于破茧，才会有新生和光明！

把爱缝进背包里

　　幼儿园的毕业季常有温暖有爱的故事发生。大大班毕业典礼结束，孩子们离校时，妞妞背着紫色包包来到了我的办公室。"园长阿姨，我很喜欢这个包包，这是我燕子老师送给我的。"素来与我"不客气"的妞妞一边拿起包包给我看，一边喃喃说。看得出来，那个包包是一个纯手工打造的包包。我也知道，那是杨高燕老师日夜赶制、亲手为孩子们缝制的包包。几个月以来，常能看到她缝制的身影。

　　自孩子们入园起，杨高燕老师就是她们的老师之一，4 年的陪伴与成长一晃而过，转眼在那个夏天迎来别离。2020 年疫情防控期间，高燕老师用一些废旧的材料缝制了几个书包，本想着等孩子们回来时，供孩子们在班级区角游玩使用，却不承想，孩子们提出了每人都想要的诉求。面对一起成长了 4 年的娃娃们，高燕老师不忍拒绝这份诉求。

　　于是，孩子们午睡时、自己下班后，或在周末里……所有能利用的时间，都被拿来缝制包包。孩子们一听燕子老师要给每个人都缝制包包，也提出了新要求：颜色自己选，款式自己挑。所以，教室里的书包款式也从单一的背包变为了双肩包、单肩包、斜挎包、手拎包……书包的颜色更是五花八门：紫色、蓝色、绿色，等等。看似并不算大的包包，缝制起来却并没有那么简单，剪裁、缝边、缝粘扣、缝背带，等等，工序多多。尽管复杂，尽管工序多，但只要是孩子们喜欢的，燕子老师都尽力去满足。

记得一次晚上下班后巡园，从一楼走至二楼，从二楼走上三楼，各个班的教室里早已人去楼空，而只有大大班的教室里还是灯火通明。走近时才看到，高燕正在一针一线地缝制着孩子们的书包。看着教室里摆放的一个个书包，就随口问了一句："为啥要给每个孩子都做啊？""每个孩子都是珍贵的存在啊！"高燕说。说起那些包包，高燕老师也如数家珍一般，指着说："这个是给×××的，这个是给×××的。"不同的款式、不同的颜色，高燕老师全部清晰明了。若不是对孩子们爱得深沉，又有谁会如此认真呢！

两个月里的日夜兼程，两个月的穿针引线，终于迎来了送出的时刻。毕业典礼仪式结束，孩子们回到教室便收到了这些纯手工打造的包包。看着他们一个个背着包包又蹦又跳的样子，燕子老师也流下了不忍别离的泪水。

分别的方式有很多种，一声再见道珍重！爱的方式也有很多种，一声爱你道千言！

杨高燕老师用针把对每一位孩子的爱缝进了背包里！这不是名牌的包包，也不是最好看的包包，但一定是最温暖的包包！只因为，它有爱的味道！

融 入

　　微信对话框里蹦出来一条新老师发来的信息，是一个文章的链接。初看到时，以为是她读到好玩有趣的文章和我分享，点开链接才知道，那是她写的文章。

　　文章里写的是老师的心声，记录的是她和"师傅"张秋英老师之间的故事，字里行间，有温暖，有故事，更有深情。认真读了她的文字，并回复她文章写得好。她却说第一次尝试写作，让我多提提意见。

　　我点击了她的公众号关注，却发现，公众号里这已经是第 2 篇文章。而上一篇，是 2020 年 8 月 31 日——新学期第一天。那一篇文字里，记录了她在小班工作的第一天，也是她第一次参加工作的体悟。那篇文字虽然没有大范围公开，却有她温暖的存在。或许，那是老师留给自己的独白。也是从读到她的文字开始，我对她的"认知"又多了一些。

　　这名新老师，2020 年 6 月 8 日以一名实习生的身份加入了艾瑞德国际幼儿园。自走进幼儿园起，她的好学、上进、自律，一次又一次叩击到我的心弦。初加入这个集体时，她常常像一个 Leader 一般笼罩着一起来的其他老师，联系宿舍安排，对接入职流程办理，协商幼儿园与学校间的各种事宜，等等。每次提起她，一同来的老师们都说是自己学习的榜样。

　　还记得 6 月底的一天晚上，我收到了她的一则信息，问我能否介绍一下朋友圈里的阅读打卡，并询问自己是否可以加入。对于这样好学上进的老师，我们自然欢迎，随即便发去了阅读打卡的模板。也是从那一天开始，每天的朋友圈里，都能看到她的阅读打卡，一转眼已走过 77 天。渐渐地，我发现她的阅读打卡有了变化，随附的照片里有运动的痕迹，经了解才知道，在工作之余，她还开始另外一项坚持——运动。学校的健身房里，常常能看到她的身影，而她自己也在用运动塑造更好的自己。

这个学期开学，她被安排在了小班，和一群初上幼儿园的孩子打起了交道。一开始，有不少担心，担心她是否能承受得住孩子们的哭闹，担心她是否耐得住孩子们的煎熬；但很快，她所呈现的一切无不令人惊喜。中午，她带着几个哭闹的孩子在一楼大厅处给孩子们讲故事，那些原本哭闹厉害的孩子变得乖巧无比。或者，她带着孩子们游走在校园里，遇到的每一处风景，都能给孩子们讲出新鲜的故事。在她的带领下，很多入园时哭闹不已的孩子很快便适应了幼儿园生活。

除了我自己的观察之外，许多同事们也频频传来关于她的故事。手机里也会蹦出几张照片，是她和一个孩子。她怀中的孩子，我很熟悉，在入园阶段，除却有些入园情绪之外，还有些许不愿与小伙伴交往的习性，所以，极少看到他的笑容，也极少感受他的欢乐。今天的照片上却是另外一番景象：孩子面带笑容，满满的欣喜。同班张秋英老师说，多亏了有她，让汤圆很快适应了幼儿园生活。

爱是相互的，用心对待每一个孩子，必会收到对等的回馈。她与汤圆之间正是如此。一个人融入一个集体，一个集体影响一个人，她用行动书写成长，用爱心感化孩童。这份遇见，彼此美好！

从刺猬到兔子

    说起刺猬，不免会想到满身是刺，令人难以靠近；而说起兔子，不免会想到一身柔软的毛，令人喜爱万分。原本相差甚远的两个小动物，貌似很难会有交集，也极少会有人将这两个动物串联在一起；在我的身边，却有一位从刺猬型到兔子型蜕变成功的老师。

    2014 年底，我从异地转战郑州艾瑞德，只身一人加入艾瑞德大军。面对陌生的环境、陌生的人群，心中的恐惧与不安常常令我急促不安，也曾尝试着用各种方法调节，并告诉自己"既来之，则安之"，尝试着去和这里的每个人和平共处：主动打招呼，主动去帮忙，主动问好，主动……

    但这样的尝试在一个人的身上屡屡碰壁：从未见过她的笑脸不说，就连我的主动出击，她不是视而不见，便是视而不睬，更有在诸多场合里与我的想法"对着干"。很快，我便发现，她的这种本性不仅仅是针对我，而是针对周围的每一个人。大家为其贴上了标签——刺猬型人。

    如若有人在今天才认识或接触她，一定不会相信上述的一切，因为如今的她不仅爱笑，还爱和伙伴们玩闹，她甜蜜的话语不仅令人喜欢，还会常常让人忍不住想要靠近她。班里的孩子们也亲切地称呼她"小可爱"。不再到处扎人的她仿佛拔去了刺猬身上的刺，做起了温顺的小兔子。就连她自己，也用"兔子型人"来形容现在的自己。从刺猬到兔子的转变，不免会令人疑惑：她这6年里经历了什么?

在一次分享中，她这样总结道：一群小可爱和一个小可爱将我带到了小可爱的路上。这里的"一群"，指与她一起走过四载春夏秋冬的学生们；而"一个"，指她3岁多的孩子。在过往的这6年里，她用心对待班里的孩子们，也用心陪伴自己的孩子，在与孩子们的相处中，她渐渐明白，人生本不复杂，凡事要多向孩子们学习。所以，她实现了逆向生长。再者，这样的转变来自工作的场域。在以前单位受过伤害的她，曾一度拒绝与单位里的同事交流、对话，因为担心再次受伤害。但在这6年多里，她一点儿一点儿地发现，这里的同事、这里的每个人都与她想象中的不一样。久而久之，这个地方让她有了十足的安全感。在被安全感包围的日常里，她渐渐地敞开了心扉。随着心扉的敞开，也让她收获到了一份又一份意外的惊喜。如今，那些久未见面的老朋友、昔日里熟悉她脾气的人常会有共同的感叹：刺猬的刺不见了。这是一份莫大的褒奖，更是一份成长的喜悦。

曾几何时，我们很少说话，而现在，我们无话不谈，还常常会开起各种玩笑。我用一句"初见你时鼻孔朝天，再见你时笑容满面"形容她的改变，她也笑笑回我："我的一路走来幸运有你!"

从刺猬到兔子，从扎人到温暖，是她6年时光里的淬炼。祝福!

"嫁"老师

　　为人父母，会看着自己的女儿出嫁；作为园长，我看着老师们个个出嫁。

　　工作在幼儿园里，身边的老师群体是以年轻女教师为主。年轻女教师是一支有活力、有想法、有干劲的队伍。这支队伍里的女教师除了工作中敬业之外，还有一个特点：其年龄大多处于完成人生婚姻大事之际。作为幼儿园里的大家长，看着老师们一个又一个走进了婚姻的殿堂，幸福感同样不言而喻！

　　2019 年 1 月 12 日是个极好的日子，因为在这一天，幼儿园里的苗玲玲老师要出嫁了！ 11 日下午，一支前行团队提前抵达新乡，为这个激动人心的时刻做着打前站工作，对接、交流、脱单嗨吃趴，应有尽有。有了一群人在身边，似乎结婚带来的喜悦感也更加浓郁和强烈，玲玲很开心，我们也深深感受着她的幸福！

　　12 日一大早，天还未亮，同行的伙伴们就起了床，随玲玲一起前去画新娘妆。上午的婚礼场和以往参加的婚礼也一样，隆重而又振奋人心。站在一边守望的父母，脸上洋溢着幸福和喜悦的同时，似乎或多或少也书写着些忧伤。婚礼很顺利，这一天也很圆满！

　　站在婚礼的现场，我再一次深深感受着"嫁"老师的喜悦！喜悦的是，幼儿园又一位老师顺利脱单啦；喜悦的是，此刻，又有一位老师走进了幸福而又美满的婚姻，即将要开启人生的另外一段美好旅程了；喜悦的是，站在新娘身边的新郎是一位温文尔雅、值得托付一生的男人；喜悦的是，这美好的幸福时刻，我亲眼见证了！

看着台子上的新娘，脑海里也在回忆着，在这个学期里"嫁"出去的几位老师：9月高岩的婚礼是嫁出去中最令人喜悦和开心的，因为这份嫁出去，是嫁给了同在幼儿园工作的陈铭阳老师，实属难得。在10月陈丽蓉的婚礼上，我被邀请作为证婚人上台致辞。看着平日里笑逐颜开的丽蓉在婚礼现场几度泣不成声，心里也升起了丝丝忧伤，但又看着身边为她擦去眼泪、为她整理梳妆的新郎，心里的忧伤也很快得以平复。身边站着的那个男人疼她、爱她、怜惜她，如此就是婚姻最好的模样！

玲玲的出嫁，是2019年幼儿园"嫁"女儿的开始，在未来日子里，幼儿园将会迎来新一批的老师"出嫁"，但愿大家都能嫁个好归宿！

作为园长，看着老师们一个个"嫁"出去，为能见证大家的婚姻大事而喜悦，也祝愿"嫁"出去的老师们都能婚姻幸福，在人生新旅途中一起书写美丽的篇章！

半边天

李新芳老师是幼儿园元老级的保育员。早在 2014 年底，我来到艾瑞德时，李老师就已在这里工作。那时候，她是幼儿园里唯一的保育老师，负责幼儿园里夜托的孩子，也负责每周三的卫生大检查。那时，与李老师的交流并不多，但常常会听周围的同事们亲切地喊她"李妈妈"，大家对于李老师的赞扬声不绝于耳。

随着幼儿园的发展，保育队伍也在渐渐壮大。每次有保育老师的需求时，和李老师打个招呼，她总会想办法解决。渐渐地，她的发小毛爱香、好朋友付丽萍成为了幼儿园的保育老师，再后来，村子里干活利索、吃苦耐劳的妇女们被李老师扒了个遍，也常常会听她说："某某平时干活不错，我把她拉过来做保育员试试。"或者会说："某某愿意来我们这做保育员，但干活不太行"，"我们再找找看。"

每次听她说这样的话时，心里总有一种莫名的踏实感，因为她思考问题的角度总是足足的"幼儿园立场"。也正是如此，幼儿园的保育团队从最初的李老师 1 个人发展到了今天的 13 个人，相处都非常融洽。这与李老师担任组长并负责直接带领大家做有着非常大的关系。

一次，李新芳老师代表保育团队第一次站上学校的大舞台做分享。分享之前，我们就先分享人的选择向李老师征求意见。李老师如数家珍一般细数着每个保育老师的"好",并推荐其他人选分享。这也让我想起了每次保育团队评奖时的画面。

每年年末,学校都会有评奖活动。关于保育团队的评奖,我们常会听取李老师的建议,而每次问到她时,她总是细细数说保育老师们的好,并推荐出她认为合适的人选。多次下来,从未见她说过自己的好,也从未主动推荐过自己。尽管,她是幼儿园里来得最早的,在日常保育工作外还承担额外工作;但评奖之时,心中满满都是他人。

在李老师的推荐后,园方又进行了讨论,最终将此次的分享人定为李老师。接到要分享的任务,李老师就开始了认真的准备。她说:"幼儿园的保育老师们露脸的机会比较少,要把大家在做的事让更多的人知道。"她是这样说的,也是这样做的。分享中,她以"我们都一样"和"我们不一样"为轴线,分享了保育团队里的日常,也分享了保育老师们突破自己、改变自己的故事。

坐在台下,看着舞台之上的她,单是佩服已不能表达内心的深情。我默默地打开了苗玲玲主任在一篇文章中对李新芳老师的描述,再次阅读:

"记得刚加入保育老师团队群时,发现群的名称为'相亲相爱的一家人'。这是保育组长李新芳老师给群起的名字,在名字中都已感受到,大家相互之间的美好链接。

"2012 年,在艾瑞德与李老师相遇,有缘作搭档,共同带班的我们有着不言而喻的默契。李老师平时不但会将班级后勤工作打理得井井有条,也会时刻关心着教育教学。外教上课时,李老师会非常认真地学习,并尝试着练习口语。李老师说,她多学一点,以后可以和孩子们进行沟通,还能帮助到班里老师。等以后自己当奶奶了,还可以教自己的孩子。看到李老师的学习精神,心里默默地敬佩,同时也告诉自己,自己也不能落后,一起去努力、学习。有李老师,做任何事情都会放心。她心很细,考虑事情也周全,堪称班级的贤内助。你想到的,她已经做了;你没想到的,她已经想到。有她在，时刻感觉到身后有一个支撑你的力量。同样和李老师搭档的陈月培说：'李老师是个活宝，孩子们喜欢叫她小李李。'这是一种爱称，是孩子们喜爱的表现。

"幼儿园没有保洁，没关系，李老师带着保育团队一起将幼儿园大大小小的公共场所进行编排，每班分一块进行打扫；幼儿园的户外玩具越来越多，为了预防传染病，需要及时消毒，没关系，李老师每周和保育老师们一起前往，给所有的玩具进行消毒；餐厅推饭需要协助，没关系，李老师和保育老师一起排班，每天三餐前往餐厅协助推饭；孩子们喜欢吃包子，餐厅需要人手为孩子们包包子，没关系，李老师带着保育团队一起前往，出自己一份力量；班级外出社会实践，吃饭时间还没回来，没人打饭怎么办？没关系，李老师以身作则，你帮我，我帮你；大型活动，老师们需要找各种道具支持，没关系，李老师、毛老师一起协助，立刻安排到位；活动结束后，李老师、毛老师又立刻将所有的东西规整到位，方便下次利用。

"在幼儿园，每一个人都在为工作的有序开展做出自己的努力。这就是我们的大家庭，每个人都在背面默默地付出，用行动相互支持。李老师说我们是一家人，相亲相爱的一家人。对，在这里，我们是一家人，同为瑞德人。"

一字一句，逐字逐句，读文如见人。李老师的故事还有很多，故事也还在继续。感谢以李新芳老师为首的保育团队，托起了幼儿园的"半边天"。李老师也是保育团队的半边天！

亲亲一家人

相互帮助的一群人，其乐融融一家亲！

保育员是幼儿园里人数不多的一个群体，在这个人数不多的群体里面，不乏温暖的故事。大家不是一家人，却胜似一家亲；你帮我来我帮你，温暖处处在传递。

一天上午 10 点，是幼儿园分领加餐的时间，在二楼的走廊上遇见了大大班的保育员毛老师。手拎加餐的毛老师先是走进了大（3）班的教室，放下了一份加餐，随后，又拎着手中剩余的加餐走进了大（2）班的教室。我知道，毛老师又在帮助这几个班级送加餐了，因为大班组 3 个班的孩子们在老师的带领下一起前往逸阳服装制造间去参观了，不在学校。

"毛老师，发加餐了吗？"看到毛老师奔走于二楼的走廊上，我叫住问了一句。"啊，是的，大班 3 个班今天外出了，我把加餐都给送到班里去。"毛老师面带喜悦地回了一句。"辛苦了！毛老师，谢谢！"出于感动，也出于对毛老师的尊敬。"谢啥谢，都是应该的，咱们都是一家人！"毛老师停下脚步，笑着说道，"给他们送完加餐，我去帮他们拿下餐具，估计他们会回来晚。"说完，热心的毛老师就走开了。看着毛老师忙碌的背影，心中很是感慨，"咱们都是一家人"这句话在我的耳边久久回荡。

说是一家人，其实，在来到这里工作之前，大家都是少有交集的陌生

○ 花的念想：幼儿园里的小美好 ●

人；而且，在幼儿园里工作，每个人也都有自己要负责的班级和区域，平日里的工作都还比较忙碌。从毛老师帮助大班送加餐和餐具的行动中，丝毫感觉不到抱怨。也许，这就是帮助家人做事的感觉吧！

留心观察了幼儿园里的保育员老师们，大家除了管理好自己班级里的保育工作之外，还有很多幼儿园的其他工作需要完成：幼儿园栅栏外的花池定期浇水、更换花种；每周五中午，为大操场上的玩具清洗消毒；大家轮流负责推加餐；一日三餐，协助厨房师傅运送饭菜，等等。每每遇到这样的时候，大家的脸上都能看到笑容。工作很烦琐，做起来也会很辛苦，但在这群保育员老师们的身上，丝毫没有疲惫或不愿的痕迹。或许，这真的是一家人在一起的感觉吧！

在这里，也特别感谢幼儿园保育团队在幕后辛勤付出，每次大型活动的幕后，都是保育老师们忙碌的身影，正因为有了这些默默的付出，才会有老师们在前台的靓丽。向保育团队致敬！向背后的默默付出致敬！

保育老师讲故事

在艾瑞德国际幼儿园，临近放学时分，保育员老师在给孩子们讲故事的照片纷纷被传到了群里，其乐融融的场景也映入眼帘。这道独特而又亮丽的风景线正在幼儿园的各个教室里上演。

为何是保育老师在讲故事呢？

这个事要从一次教研会议说起。在月度的大教研会议上，除老师们集中教研外，保育员老师们也在苗玲玲主任的带领之下，开启了保育工作的梳理和思考。

面对日新月异的幼儿园以及老师们迅速成长的节奏，保育老师们也丝毫不甘示弱，对于自己的工作有了一些新的想法，也想要有一些突破。成长，固然是件令人皆为欢喜的事。读书、讲故事，是学校里老师们成长的重要途径。保育老师们的成长从这两方面下手，再合适不过了。于是，在会议结束之后，每一位保育老师都拿到了一本绘本书，其目的只有一个：给孩子们讲故事！于是，也就有了一幅又一幅其乐融融的场景。

○ 花的念想：幼儿园里的小美好 ●

保育老师讲故事的意义何在？

众所周知，保育员老师们的工作性质决定着她们的工作重心：保障班级区域内的干净、整洁，为孩子们准备水，照顾孩子们在学校时的饮食等。让保育老师给孩子们讲故事的意义又何在呢？

艾瑞德人常说：教育＝关系＋联系。通过讲故事，将要搭建起来的，是保育员老师与孩子们之间的关系。通过讲故事，让孩子和保育老师之间建立起更深的情感链接；通过讲故事，构建一种和谐的师生关系；通过讲故事，也让平日里埋头苦干的老师们能够抬头看路，走进孩子们的内心深处。

构建关系，建立联系，让保育老师和孩子之间的感情建立得更加紧密。保育员老师是幼儿园里的重要组成部分。在艾瑞德，有这样一句话：每一位老师都是珍贵的存在。保育员老师也是老师，是幼儿园里不可或缺的重要成员。为保育老师的成长搭台子、竖梯子，是我们工作的职责。

保育员讲故事，讲出了一张张笑脸，讲出了一幅幅美好的画卷。

在餐点创新改变前

厨房里的师傅们琢磨着研发一些新菜品，以满足孩子们的味蕾。意大利面、蘑菇汤等被搬上了餐桌。见孩子们喜欢，师傅们也开心不已，便想要再做一些新的尝试。新菜品的开发与研磨如何做才更好吃？如何搭配，口味才更佳？成为了前行路上的小小障碍。负责对接每周食谱的刘江博校医将师傅们的困惑传递至了保教主任苗玲玲处。

经过召集人员碰撞智慧、在孩子们中间发起意向调查等，最终决定，带师傅们到孩子们喜欢吃的必胜客餐厅去一探究竟。一日下班后，师傅们便随苗主任前往必胜客餐厅。翻开菜单还未点餐，师傅们便开始了研讨："这个名字起得好，一样的菜，换了个名字就是不一样的感觉了。""我要看看这个面的具体配料，看我少放了什么。""这些点心好精致啊，单是看看样子就很喜欢。"一边的服务员看到师傅们这般研究，也好奇不已。

将近半个小时过去了，师傅们终于依依不舍放下了菜单，切入了正题——点餐。抱着多品尝、重学习的态度，大家将餐厅里可借鉴学习的餐点种类点了个遍，学习餐点样式，品尝味道。那一餐饭，桌子上很丰盛，师傅们吃得小心翼翼，并在每尝试一个菜品后，给予评价和思考。

从必胜客餐厅归来的第二天，师傅们便开始了新菜品的研讨。这一次，师傅们走进了园长小助理午餐会的现场，想要听一听孩子们的心声。

结合"我最喜欢吃的美食"话题，孩子们畅所欲言：

"我喜欢吃红烧肉，谢谢师傅们！"

"我喜欢吃番茄炒鸡蛋。"

"我喜欢吃薯条，餐厅师傅可以做吗？"

"我喜欢吃比萨，幼儿园里会有吗？"

"我喜欢吃烤鸡翅，像肯德基那样的。"

……

听到孩子们的心声表达，师傅们暗下决心要好好研究一番。

下午临放学的时间，师傅带着几个比萨胚饼走了过来，说先做几个试试看。切好了各种需要的配菜，准备好了烤比萨所需的一切原料，然后开始制作。忙忙活活一阵子，美味的比萨终于飘香出炉，虽不尽如人意，味道却是杠杠滴。面对不算完美的比萨，师傅进行了自我总结，提出了改进方案。

当然，除比萨的实验外，师傅们还开启了烤鸡翅的研究，配料、腌肉、烤制时长，等等，逐一清晰地印在师傅们的脑海里。这些菜品还正在打磨中，师傅们也在尽力让做法娴熟，让美味尽快与孩童们见面。虽是一餐一点，可师傅们毫无怠慢。如此用心，只为让每一位孩子吃得好！

研究儿童的喜好和特点，校园里的每个人都在尽心尽力！

祝你生日快乐

一天，在幼儿园里，有这样一个场景：手举"艾瑞德祝您生日快乐"牌子的四位年级组长（杨志慧、苗晓洁、王仁娇、陈晓燕）在幼儿园一楼走廊上穿梭而过，直奔尽头的中班教室。紧接着，一曲生日快乐歌从几位的口中唱出来。我知道，她们又在给某位老师制造生日惊喜了。

大约几分钟后，钉钉工作群内就传来了生日现场的照片。原来，今天是徐硕韩老师的生日。从照片上看，硕韩对于这样的生日场面还是有些意外和惊喜的，开心的样子也足以说明，年级组长们的小创意又一次顺利得逞。从走廊穿梭到惊喜结束，总共也就那么几分钟的时间，却让温暖流淌进了老师的心里，让爱意洒满了幼儿园的角角落落。这是幼儿园四位年级组长们用心组织和策划的结果。

自新学期开学以来，这样的惊喜场面不是第一次出现，却每次都有不同的惊喜，温暖了有爱的老师们，也为幼儿园增添不少温馨的画面。艾瑞德人常说"教育＝爱＋被爱"。这句看似常用于表达师生间的话语，实则也足以表达老师与老师之间的同事情谊。每一次，年级组长为老师们送去祝福的同时，也都收获着老师们回赠的感谢，当感谢在彼此之间流动，也就变为了满满的爱意，让关系更加和谐。不少收到如此祝福的老师们感慨：在这里工作真开心！一句简单的话语，不仅道出了这份惊喜的存在价值，也道出了小小惊喜的意义。想来也是，惊喜不在大小，用心就是最好！

对于一所学校而言，对待老师的关爱程度和温度，也是温润孩子们的福田。除了年级组长们用心策划小小仪式制造惊喜之外，学校对于老师们的生日祝福也是颇有一番用心良苦。

每天早上7：00，李建华校长的"校长60秒"会准时推送，60秒的最后一条，雷打不动是给当天过生日的校内师生送上祝福。伴着校长生日祝福开启一天的工作，心情自然也跟着美丽了起来。

临近中午时分，学校餐厅师傅总会亲手做上一碗长寿面，为生日的这一天送上一份厚爱。生日吃面，是我国习俗里惯有的风格，生日当天的特供生日面给人一种工作场域中独有的温暖。更有学校工会组织，会在生日到来之时送上蛋糕卡一张。蛋糕卡的方式比蛋糕让人多了可选择的空间，也多了一份贴心。尤其是女生偏多的校园，少吃蛋糕是大家的主旋律，而蛋糕卡的方式就会让人多了自主选择的机会，可以选择自己喜爱的蛋糕，也可以选择其他更为健康的食品。妙哉，赞哉！

一连串的生日祝福，只为那句"每一位教师都是珍贵的存在"。珍贵的存在，祝你们生日快乐！

每日一画

　　说起小黑板，作为一名幼儿教师，我一点儿也不陌生。记得在上幼师学校的时候，学校曾发给过我们每人一块小黑板，练练字、练练画是在上学时间里常有的事。毕业后到幼儿园工作，小黑板变成了教室里可移动的黑白板，和孩子们的互动中常常会在小板上画一些简笔画，或者用特殊的方式记录着和孩子们之间的美好时光。而今，一块块小黑板再次进入我的视野，这一次，我们决定用"每日一画"来记录我们应有的成长！

　　说起这小黑板，在艾瑞德的校园里风靡有一段时间了。小学的老师们每天坚持书写一首古诗来练字，写好之后，小黑板会被展示在走廊上、连廊上等一切可展示的地方，走过路过的孩子们时不时地也会驻足观看，有时在寻找自己老师的名字，有时在寻找一些自己认识的字，或许有时在寻找古诗背后的深刻含义。久而久之，老师们的小黑板成为了校园里一道亮丽的风景线。

　　作为校园里一个独特群体的我们，也在思考着我们的孩子该会在我们的小黑板面前寻找什么？我们该为孩子们提供什么样的视觉体验呢？用心的韩董馨副园长左思右想，经过探讨，我们最终把目标锁定在了：每天坚持画简笔画！

　　当确定了这一核心主题后，又开始为老师们每天画些什么好而陷入了

○ 花的念想：幼儿园里的小美好 ●

思考。漫无目的画画是不是会让大家没有方向感？太过强硬的要求会不会让大家觉得没有施展的空间？这些问题需要思考，而且也必须思考。最终讨论决定：结合季节，结合不同的元素给老师们一个主题，具体地发挥就因人而异吧！韩董馨园长梳理日期，做了每日一画的主题表。接下来，就是大家尽力施展自己才华的时候了。

早上8点，一块块小黑板整齐地排列在校园丹山路上，过往的孩子们纷纷驻足，在寻找，在观看，寻找自己的老师，寻找着自己最喜欢的那个灯笼的模样。路过的家长朋友们也纷纷放慢了自己的脚步，欣赏着这一幅幅画作，并为老师们竖起了大拇指。建华校长也亲自来到了这一块块小黑板前，观看老师们的画作，并写下："幼儿园老师每天一画，画出我们美丽的不同，画出我们珍贵的存在。"以激励老师们。

简笔画是幼儿园教师的一项必备神器。对于3～6岁的孩子而言，图画是认识这个世界最直接的方式和方法。老师用笔勾勒出的简笔画很有可能就是孩子们窥探世界的窗口。坚持练好简笔画，我们出发在路上！

打磨一节好课

　　课堂是学校的命脉。好的课堂给学生舒适感，为教育增添亮色。一节好课给学生生长感，让学习遇见欢乐。

　　在制定新学期计划时，我们曾一度把"打磨一节好课"作为一学期的一项重点工作。为此，在开学初的人员安排中，我们还专门成立了专项小组，以王婷玉、张秋英老师为抓手，以教研团队为主力，致力于研讨、打磨、呈现具有意义和特色的自然生长样板课。

　　烘焙教室里，打磨一节好课的研讨在温馨愉悦的氛围中拉开了帷幕。初次的研讨，大家将形式锁定在了头脑风暴法上。不同年龄段的老师们结合自己过往带班的经验，讲述着自己心目中一节好课的样子，也总结着一节好课应该要具备的要素：以儿童为中心，贴合时代发展，教师自身注重知识的储存，善于捕捉课堂中孩子感兴趣的点，结合孩子年龄特征调整自己的教学重难点，等等。每一个元素都在老师们的分享中逐一迸发，也在团队中迅速形成共鸣。结合老师们的分享，一节好课的样子也在渐渐清晰化。

　　清晰，是结合过往经验的梳理而来；清晰，也是将理论与实践有机结合。听着大家的分享，我脑海中也在思索着，属于艾瑞德幼儿园孩子的一节好课该是什么样子？

我想到了自然生长课堂的五要素。2017 年，在艾瑞德课堂三原色"探索与发现、思考与学习、展示与绽放"的基础上进一步研讨打磨，自然生长课堂五要素重磅出炉："基于关系的相遇与对话、基于自主的探索与发现、基于合作的互动与体验、基于理解的分享与表达、基于发展的激励与评价"。这样的五要素是艾瑞德自然生长课堂的指南针。如何让这五要素成为课堂上显现的点、线、面，是一个值得深究的话题。

　　一节好课还应该是一节有意义的课。

　　如何让课堂有意义？核心点在学生。学生是课堂的主角，是课堂里的主人。有意义的课堂会让学生沉浸其中并积极投入。记得一次听课结束，孩子们拉着我说："为什么刚开始上课就结束了啊？"其实，不是那节课的时间短，而是课堂有意思，足够吸引学生，所以，才会有结束快的感觉。

　　会议探讨中，符君主任说："一节好课应该是待完善的课。"我深以为然。课堂要保持它特有的神秘感，给学生想要去探索的欲望，这就要求老师要平淡看待一节课后的反思与思考。若一节课在一开始就追求完美、无缺憾，那么这节课在设计环节就出现了问题。每一节课后的反思都是极其珍贵的学习，一节待完善的课才能促进好课的出现。

　　一节好课还应该是"家常课"。公开课精彩，但好比大餐，不能日日享用；家常菜普通，但日日食用，才最养人。一节好课应该如家常菜一般，滋养人的内在。

教研总结

写总结是每个学期结束时的标配项目，如班级工作总结、园务总结、教研总结等。总结是对过往一个学期的回顾，也是站在一个新的节点对未来的一些思考。我抽空阅读了学期末各年级组的教研总结，被几位组长的认真所打动，也想要为过往一个学期里每个年级的精彩活动点个赞。

小班组陈晓燕老师是第一次做年级组长，正如她在总结里写的那样："最大的挑战是自己，面对的不再是一个班级的事情，责任越来越大，对自己的要求也越来越高，是否能把事情做得更好、是否有新的点子、是否做到让大家满意是我常思考的问题。""14位老师形成了幼儿园内最大的团队，我带着领导的信任，肩负着不一样的担当，投入到工作中压力也随之而来，但是想想身后有这样一群志同道合的人，心中的压力就减轻不少，也许这就是无声的安慰。"

此刻，若用一句话来回应晓燕老师的工作总结，我想说："你只管努力，剩下的交给时间就好！"

中班组的王仁娇老师带领年级组在每周三雷打不动地召开教研会议，其形式和规格与园内的大教研如出一辙：会前分享、趣玩游戏、学习心得交流等。成长的方式有很多种，最方便的当数身边触手可及的伙伴们相互切磋。仁娇在总结中也如此回忆："结合实践活动，我们开展了集体备课、看课、说课、评课活动，让上课的老师先说一说自己的活动来源、设计思路，使大家对活动有个大概的了解，在看课时更能有的放矢，抓住重点。""在评课中，大家本着互相促进、共同提高的思想，诉说自己的想法，提出自己的建议，使评课活动有效地促进教师能力的提高。"

仁娇老师的用心付出，换来的是年级组每一位老师的快速成长。或许，可以用一句"心中有光，向阳生长，就能靠近想要抵达的远方"来赠予一起走过的周三时光。

大班组苗晓洁老师在这个学期接任了年级组长。我还记得学期初的教研会议上名为"大有可为"的分享，让我对大班组一切未知充满了好奇。转眼一个学期过了，和年级组老师们一起牵手走过的这半年，是否真的做到了"大有可为"？是晓洁思考的问题。在读她的教研总结时，我窥见了想要寻找的蛛丝马迹："在每一次的教研过程中，有一点是比较让人兴奋的，班级老师会将遇到的困惑抛出，让大家头脑风暴进行解决；但我们也有一个弱项：解决这些问题的能力并不是很强。于是，我们开始跳出思维困惑圈，尝试寻找新鲜的事物，为课程带来一些新的路径，并在主题课程中有了一些新尝试。"

在大班组的工作总结中，本学期新创办的"抖抖惹人爱"栏目，每周三下午的"趣 Time"时光，为一个学期的工作添上了精彩的一笔。创新是教育教学工作的动力。此刻，我也想送给晓洁老师一句话："大有可为，为得精彩！"

大大班组的杨志慧老师是园内元老级的存在，曾送走过两届毕业生的她即将送走自己的第三批小可爱。幼儿园里的最后一年如何度过才有意义？如何度过才能更好走向小学？她有丰富的经验，让孩子们提前开启小学生活体验，利用艾果亲亲电台为孩子们搭建主持的平台，提前规划和铺排毕业系列活动等，不仅让一个学期的活动丰富多彩，而且使教研中的目标更加清晰。在教研中，作为组长的她用行动点燃大家的工作动力，就如总结中最后那段话所说:"每个老师身上的亮光,我视其独特而又珍贵,不失本真的同时也学习他人之长。也许你们是常人眼里平凡的存在,可是你们在我的世界里永远光芒万丈!"被看到的老师们一定是幸福的;而此刻,我也想对志慧说:"你就是最亮眼的那束光!"

我们在总结中回望,在总结中反思,在总结中展望,也在总结中出发!

致敬拼搏的你们

拼搏中遇见更好的自己，拼搏中遇见更好的未来！

23：51，我刚刚关了电脑，就听到手机"叮叮"的响声传来，心里泛起了点点疑虑：这个时间怎么还会有信息发来？我边嘀咕，边拿起手机查看信息，只见幼儿园微信群里，苗晓洁老师发来了一张黑影中带有一丝光芒的照片，后面还附上了一句话："给敬业的小快班点赞！"随之，杨志慧老师在后面跟了一句："来来来，一起！"看着两个人的对话以及图片上的画面，似乎是大家还在幼儿园里啊！我的脑海里迅速蹦出一句话："你们疯了吗？这么晚，还在学校干什么呢？"打出这行字，在发送之前做了更改。我想，老师们这个时间还在学校里加班，一定是有特殊情况，也就试着问了句："这么晚，怎么还在学校？"随之，一张小快班组全员在加班的照片发送了过来。认真查看照片后，我发现组内的老师一个没少。杨志慧老师回应说，大家正在加班赶制本学期的主题课程案例集。

我不禁一阵心酸。此时此刻，大家都忙碌了一整天。从上午团拜会节目的排练，到下午全校团拜会的表演，大家不曾有过一刻停歇。还有，能亚楠、王雪、杨志慧等几位老师家里都还有两三岁的孩子。为什么却如此整齐地聚集在校园里不忍离开？原来，大家是在整理这个学期的主题课程案例集，怕影响印刷及修整的进度。我试着劝大家赶快回家休息，几位老师回信息说，已经快要结束了，大家要一起制作完。本来已经睡眼惺忪的我瞬间被大家这种拼搏的精神所深深地打动了。躺在床上，眼泪止不住地往下流。那一刻的泪水是心疼的泪水，我心疼这群年轻的老师在这样的冬日夜里还在奋力拼搏，也心疼大家视这份工作为自己深深的责任，更心疼大家在忙碌了一整天之后依然选择用这样的方式为本学期的工作画上圆满的句号！

在和杨志慧老师做了沟通，劝大家赶快结束尽早回家休息后，我辗转难眠。这群拼搏的老师们在夜里奋斗到了几点，我不得而知。好在第二天，大家可以在家里肆意地补个懒觉。幼儿园走至今天，如果说有那么一些成绩的话，一定是这些无怨无悔、默默付出的老师不断拼搏而来的！拼搏，是每个人前进中的姿态和模样，亦是对自己和团队责任的担当！

新年假期的第一天，大部分老师都已经踏上了归家的旅途，平日里热闹的校园此时变得沉寂一片。学校会议室里，中层干部在做着本学期最后的述职；而在安静的幼儿园里，同样有一个小团体齐聚一堂，在做着本学期主题课程案例集的整理工作，那是中班组的老师们！是大家不着急回家吗？是大家不想要假期吗？都不是的，而是因为大家想要在离开之前，把本学期的各项工作做好最后的收尾。尽管家里的亲人在期盼着各位尽快归来，尽管大家也想要让忙碌了一个学期的身心得以休息和放松，但学期最后的坚守和收尾工作让大家选择继续拼搏奋斗在岗位上。

当然，如此的奋斗和拼搏不是幼儿园团队里小快班和中班组的专属。就在几天前，大班组、大大班组、小班组的老师们也是在下班之后，依然坚守在工作岗位上，工作至深夜。大家如此拼搏，不为别的，只为在假期来临时，为这个学期画上一个圆满的句号！

致敬如此拼搏的每一个团体，也致敬如此拼搏的每一个人！正是因为有了大家毫无怨言的付出，才有了幼儿园大集体的奋力向上；正是因为有了大家的齐心协力，我们的明天才会更加精彩和美好！

第三章

活动篇

时间的固化

从 2015 年开始，我们尝试着将一年中一些日子"固化"。比如，每年 4 月的最后一周的周五为音乐节，每年 6 月 1 日的一周为国际周，每年 11 月第二个周五为童话故事节，每年 11 月最后一周启动教师五项技能大赛，等等。

如今，在蓦然回首中发现，好多事情，我们已在"重复"中走过了几载。所以，在今日才有了老师们不用翻阅工作计划书、不需要查询日历就可清晰知晓即将发生的事件。若论如此固化的时间对工作带来的困扰，还真没有；而要论为工作带来的便利，却不止一条。

其一：时间的固化，让工作更有序

还记得第一次筹办童话故事节的情形。全园上下在一个多月前就开始了筹备，商讨方案，制订计划，一次又一次开会，一次又一次铺排，直到故事节当天，依然有种忙忙碌碌、丈二和尚摸不着头脑的感觉。或许是有了前车之鉴，也或许是有了第一年的经验，在第二届童话故事节时，从筹备到准备，再到当天的现场，没有了慌乱，也没有了摸不着头脑的时刻，一切都在稳中有序地向前推进。

走至今年，老师们更加从容、淡定，一切关于童话故事节的准备事项早在两周前就开始了有序地推进，征集家长志愿者、海选十二生肖的小演员、绘本故事的漂流，等等。在节日当天，一切也在有序地行进，毫无慌乱之感。

其二：时间的固化，让每个人心中有"数"

固定的时间，做固定的事，让每个人都心中有"数"。这个数，不是数字的数，而是确定。确定这个时间该做什么，确定这个时间要做什么。

四季更迭，日月轮转，迎来岁月的变迁；而未曾改变的，是日复一日、年复一年的轮转。有了时间的固化，让每一位工作者在面对任何一个日子的到来时，心中无比有"数"。无须提醒，不要催促，大家自发的行动，让所有的力量向核心处聚焦，再蔓延至每个人的身上。就如老师们早已习惯了在 4 月筹备音乐节、在 10 月筹备童话故事节一样，无须呼唤，一切都不约而同。

其三：时间的固化，让日子被期待

走过这么多年，重复的是每年一度的活动，而在这份重复里，还有着无限的新意与亮点。这也是源于时间的固化带来的"福利"。渐渐地，校园里有了每月固定的"汉堡日""包子日""素食日""茄汁面日"……这些日子的固定，也让日子有了期待。

期待，是一份对未来的某个时刻某种事物产生的憧憬和向往。当日子被期待，生活也变得更加多彩。

固化的是时间，定格的是事件，让每一个日子定格化，让每一个事件被期待！

○ 花的念想：幼儿园里的小美好 ●

园长小助理竞选

园长小助理是艾瑞德国际幼儿园孩子们的向往。每年的 9 月，幼儿园全体人员都会齐心协力，把园长小助理的竞选作为一项课程来策划、组织并实施，为的是给孩子们一个锻炼的舞台，给所有孩子们一份参与的感知。

2020 年 9 月，园长小助理的竞选也走到了第四届。原本平常的音体教室因为第四届园长小助理的终极竞选而变得热闹非凡。教室内提前插好的气球、铺设好的红毯，教室外丹山路上的照片展示，等等，都在渲染着这一天，期待欢乐的到来。

要说这 4 年来的园长小助理竞选活动，可谓俘获了不少孩童的心啊！自 2017 年第一届至今，欢乐就频频不断。当然，在这几年的探索中，竞选这个事也在一步步发生着变化。

第一届时，孩子发言，评委审核；第二届时，在竞选现场加入了上一届园长小助理代表的发言；第三届时，海选现场，出现了家长们的加油呐喊声和自制的竞选海报，让竞选活动气氛热烈；如今的第四届海选，门外多了海报，场内多了红毯，在竞选的开场里还增加了上一届孩子们的护送校旗仪式。

每一点调整和改变都是对于竞选活动认真打磨的结果。说起背后的初心，唯有希望每一位孩子都能在这个舞台之上拥有美好的童年回忆。我摘录部分第四届园长小助理竞选的讲话稿，以此作为我们共同的记忆：

各位园长小助理们，各位家长朋友们，各位评委老师们，大家上午好！很开心，在这一刻，我们艾瑞德国际幼儿园第四届园长小助理诞生了！在这里，也恭喜各位园长小助理，祝贺你们！

园长小助理是艾瑞德国际幼儿园里一份重要的职责。当然，想要做一名合格的园长小助理，其实也没有那么容易。在今天之前，每个人都在自己的班里经历了海选，如今又经历了终选。在一次又一次的选拔之后，大家终于成功成了一名园长小助理。在未来的日子里，我们将会有美好的园长午餐会等着大家。当然，也有各种各样的任务在等待着大家。园长阿姨希望每一位园长小助理都能够不怕困难，勇往直前。

同时，作为园长助理的你，也是幼儿园其他小朋友的榜样，在要求他人做到的同时，首先要对自己严格要求，做好榜样的示范。每月一次的午餐会议上，我们将会一起总结幼儿园里的好人好事和需要改进的项目，希望各位园长助理都能有一双敏锐的眼睛，去发现身边的好人好事和好的未来！

第四届园长小助理在今天得以正式聘任并上岗。园长小助理在园里将享有园长赋予的特权，对于幼儿园的事物享有监督、管理的权利；对于园长助理提出的意见和建议，各位老师要无条件接受和执行。同时，园长助理也会定期不定期被邀请参加园内组织的会议，对于老师们提出的决议有发言权。最后，也恳请各位老师能够积极响应和配合园长助理交代和部署的工作，给孩子一个成长的空间、一次有担当的历练，谢谢！

竞选，只是一个仪式，目的是为孩子们的成长加码，也为童年的欢乐加码！

○ 花的念想：幼儿园里的小美好 ●

小眼睛大世界

说起管理，大多数人会将这个词与公司高管、企业老总、部门领导之间画上等号。事实上，也的确如此。

作为校园里的管理者，我们想尽一切办法为孩子们的成长提供机会、搭建平台。这不，园长小助理岗位应运而生，那些年仅3～6岁的孩子摇身一变，成了校园里的管理者。

为了让孩子们的管理身份名副其实，有心的符君老师拉着孩子们在校园里来了一场"侦探"。从"我发现的问题"出发，并和孩子们一起商量"我觉得应该怎么办"。

年仅3～6的娃娃对于自我管理的认知都还比较薄弱，但拿起记录单奔走在校园不同角落时，显得有模有样。"一楼大厅这里，早晨晨检排队时，小朋友们会拥挤，我要记录下来。""我发现有的小朋友在玩滑滑梯的时候，不是从楼梯上上去的，而是从滑梯下面往上爬，有时候正好有小朋友从上面滑下来，会撞到，太危险了！""有小朋友在阅读区读书的时候会很吵，我应该想办法提醒他们要安静。""丹山路上老师们画的画会被风吹倒，要及时扶起来。"

一个又一个"问题"被小小管理者们所发现，并极其认真地画在了记录单上。当然，针对所记录的问题，大家也认真做了思考，并给出了解决的办法。比如：

"我可以早点儿来上学，站在校医阿姨旁边，提醒小朋友们要有序排队。"

"可以做一个雪人提醒牌，告诉小朋友们要从楼梯那里爬上滑滑梯。"

"安排一个阅读区管理员，提醒小朋友们阅读时要安静。"

……

午餐会上，看着他们眨巴着小眼睛若有所思地讨论着自己的大发现，俨然一副管理者的荣耀与担当。让孩子参与校园的管理，是用一双小眼睛来观望这大世界，也是为孩子们的成长铺就一条多彩的通道。

通过观察，孩子们开始留意身边日常里的点滴；通过思考，孩子们开始对于自己的行为有约束。从小眼睛里望出去，看到的是幼儿园里的点点滴滴，映射出的却是大大的世界。外出参观，园长小助理们担当起了班级里的管理员，提醒小朋友们排列好队伍，也守护着每一个人顺利过马路。看到马路上的垃圾，也会主动弯腰捡起。有许多孩子将这样的好习惯带至了家里，教会了爸爸妈妈如何做好垃圾分类，并在睡觉前将自己的衣服认真叠好。

小眼睛里的大发现，发现身边的问题，为明日成为世界栋梁而助力！

童话故事节

2020 年 11 月 13 日，是艾瑞德国际幼儿园第四届童话故事节，校园奏响着熟悉的旋律，热闹非凡，满园沸腾，师生同欢。

第四届童话故事节了，除却主题的变换以及每年独有的突破和亮点外，别无其他。别无其他，是指时间未曾改变，筹划故事节的初心未曾改变，给校园带来的欢乐未曾改变。

幼儿园里热闹非凡：一楼的十二生肖长廊，户外的丛林探险，"十二生肖们"穿梭其中，快乐、逍遥。还有丹山路上生活老师们的舞龙表演、音体教室内孩子们的"十二生肖争霸赛"、报告厅里家长们的"家庭剧场"等，都在轮番上演。

浸润在十二生肖乐园里的孩子们被童话的世界包围，也为伙伴们扮演的生肖点赞；更有家长朋友们和孩子一起化身其中，成了校园十二生肖中的一员，重返久违的童年，保有一颗未泯童心。

参加家长节目演出的熙熙爸爸说："每年的童话故事节，我和熙熙妈妈都会积极报名参加家长节目的编排，给孩子树立榜样，也感受这些活动的美好。我们全家都很期待幼儿园里的童话故事节、音乐节、国际周这些活动。"还有家长说："一年当中，我们特别期待 4 月和 11 月，因为幼儿园里会举办音乐节和童话故事节，太精彩、太好玩了！"在他们的话语中，可以深深地感受得到，这样的节日不仅是孩子们的期待，也是家长们的热切期盼。

回首这几年来的童话故事节，从《绘本故事》到《西游记》，从《动漫影视》到今年的《十二生肖》，每一次围绕不同主题开展的故事节不仅让校园变成了专属的乐园，还为孩子们的童年成长助力了不同元素的体验。

在这样每年一度的节日里，如何玩出新意？如何让这样的一天值得期待？如何将节日的意义浸润进孩子们的日常？如何让家长融入节日的氛围中？这些都是这个节日一路走来不断解开的命题。

为了让孩子们玩出新意，每年的主题都会调整和改变。为了让这一天值得期待，我们倾全园之力，早在一个多月前就开始各项工作的筹备和准备；为了让节日浸润孩子日常，提前三周就开始关于主题绘本的"漂流"，让故事节的主题早早流进孩子们的心间，也流进每一个家庭中去；为了让家长融入节日氛围，自第二届起开设了"家长剧场"，召集家长志愿者，编排与主题有关的童话剧，在这一天里登台演绎。

当一个又一个问号被解除，自然也会有新的问题来出现。就如今年"如何打造现场里的网红打卡地"就成了老师一起破解的新命题。

好在，智慧的集体总能募集到所有人的力量，并将之化为行动。今天的校园童话故事节比以往又多了亮点，也增添了新的乐趣。相约下一个童话故事节，一期期地期待吧！

宠你不止 100 天

　　2020 年 12 月 8 日，幼儿园小班组孩子们入园满 100 天了，小班组全体老师为孩子们筹备了"百日宴"。而说起这个百日宴，是缘起陈晓燕老师的一篇打卡《满月》。小班的孩子们入园满 30 天时，有心的陈晓燕老师用一份《满月》记录了孩子们入园 30 天的成长变化，一字一句，都饱含老师的良苦用心，也粘贴着满满的爱心。

　　还记得在朋友圈读到那篇文章时，不由得被晓燕老师的感情所感动。在连读两遍之后，给她发去了信息。一来二去的聊天，让我们一起感慨孩子的成长变化，也感慨陪伴孩子们成长的日子里自己的收获。最终聊到了孩子成长的几个时间点 。按照惯例，一个孩子的满月、百日、周岁都是"大事"；而如果将孩子们入园的满月、百日也拿来纪念一下，会不会也是一件值得开心的事呢？聊来聊去，我们最终决定：为孩子们过一个入园百日宴。

　　也就是自那个时候开始，百日宴这件事就烙印在了陈晓燕老师的心里。掐算时间，策划百日宴流程，直到百日宴惊艳亮相。跟着老师们制作的视频，我们回顾着孩子们自入园走过的这 100 天。从来时的哇哇大哭到现在的张张笑脸，从不忍别离到不愿离去；每一点、每一滴，都是成长之中无比珍贵的回忆。看着视频，看着身边的孩子们，竟有种恍惚之感。

一眨眼的工夫，就这么满 100 天了？是的，真的满 100 天了。在今天的百日宴现场，还有来自幼儿园的大哥哥、大姐姐们列队送来了祝福。他们手拿各种表达祝福的画，穿着整齐的校服，列成了整齐的队伍，向弟弟妹妹们的到来表示欢迎，对弟弟妹妹的成长表示祝贺。看着孩子们相互交融的画面，也让我想到了每年 6 月幼儿园里会出现的画面：小中大班的孩子们排列着整齐的队伍，与即将毕业的哥哥姐姐挥手告别。虽是别离，却也因为有了那份温暖的再见而变得暖心。

或许，爱就是如此，你用双手欢迎我的到来，我也会用我的双手挥别你的离开。今日，是我们入园 100 天，他日，我们就会如你们一般站在这里迎来新一批弟弟妹妹的到来。岁月轮转，孩童在变，不变的是校舍，更是一份眷恋。如每一位孩子的百日宴一般，今日的入园百日宴上，为孩子们定制了三层大蛋糕，祝福孩子们入园百日快乐的同时，也期待着在这所校园里，每个人都能够身体、心灵共同成长。

贴心的老师们还为孩子们准备了百日留念照。按照习俗，每个孩子在百日都会拍摄一张百日照作为纪念。在这个入园百日里，百日照自然不能少。这份留念想必值得珍藏一生吧！祝福孩子们入园 100 天快乐！

神秘天使"上线"了

冬日的暖阳里，夹杂着些许刺骨的寒风，虽然站立在阳光之下，依然感受得到这风带来的寒意。但，在艾瑞德的校园里，一股"暖流"开始流淌，这股暖流不仅抵御了心里的念头，也抵御了寒风带来的丝丝凉意。若问，是何种"暖流"能有如此魅力，答案就是：神秘天使的魔力。

进入 12 月，郑州的天气里总会有刺骨的寒意；而艾瑞德校园里的每一个人都十分期待这寒意的来袭，因为，神秘天使是冬日里的"标配"。这不，例行的升旗仪式上，行政办的几位天使老师带着标记有全体教职员工名字的小纸条漫步于老师们的中间。"一抽定天使""一抽定神秘"小盒子里的小纸条在你抽一个、我抽一个中减少着。同时，"我要给我的天使送温暖牌的×××""我要打听一下，我的天使有什么样的爱好"的话语，在人群之中肆意飞起。

2019 年，已经是神秘天使活动的第三届，较之前两届的活动而言，老师们已经有了"十足"的经验，兴奋劲却丝毫不减。中午时分，朋友圈里，暖心礼物肆意飞起，美味的糕点、漂亮的花束、贴心的奶茶、暖心的围巾等。

晒圈的人传递着被爱的温暖，而这温暖似乎已滴滴汇成河，成了一股"暖流"。原本寒冷的冬日，在顷刻间，被冻结了的"凉意"，被暖流紧紧包围。

午间空暇间隙，老师们三三两两聚集在了一起。"我收到礼物了！""我也收到了！""我正在给我的守护者准备礼物。""这一个星期，我要用不同的花样，温暖我的守护者！""好激动啊，我的天使这么快就行动了！"如此话语"川流不息"。神秘天使上线的第一天，瑞德校园里已是暖洋洋的气息，似乎"守护者"与"被守护者"都带有十足的魔力和神奇。

于我而言，今天抽到的守护者是一位在日常里交集甚少的同事。如此守护，似乎也是一次彼此建立"联系"的珍贵时刻。而守护我的天使，我也猜不到是谁，也不愿花心思去猜，因为，守护是一种传递。守护我的天使，把温暖带到了我的身边，而我要做的，就是把这份温暖继续传递。

神秘天使，神秘的是"人"，守护的却是一份温暖。让温暖得以传递，让温暖弥漫校园，这温暖也一定会"源远流长"。

许你一生被爱

　　校园里，迎来了天使满天飞。是的，没错。这是每年的惯例，天使守护活动来袭。天使是什么？我不得而知。但我知道，每一个化身天使的使者都在尽力爱着自己的守护者。"你的早餐被我包了！""你的胃由我来填饱！""幸福是一种感觉，像喝下一口奶茶那样甜蜜。""爱你，我是认真的。"这些话语在校园弥漫，也跃然跳动在了一张张办公桌上。

　　天使活动已走过多届，驾轻就熟的天使们早已清晰明了游戏规则；只是，令人意想不到的是，天使们的创意总是那么层出不穷，博人眼球。继去年的火锅食材大集合、爱你一箩筐、整你没商量等精彩创意之后，今年的香皂大集合、宠你没多想、暖心暖胃又暖身、宠你一家亲等创意也闪亮登场。每天，从早上睁开眼起，工作群里就被各种"宠爱"酸到牙疼，并持续至夜半三更，才在不得已中收场。校园中遇到的每个人都散发着往日里少见的别样幸福光芒。或许，被天使宠爱，使得嘴角上扬都变了模样吧！

　　天使活动是一场爱的表达。爱的能力人人有，未使用时不得知。一场天使活动的来袭，把校园中每个人爱的能力深深激发了出来。准备礼物、书写文稿、策划惊喜等十八般武艺全部上场。激活隐藏在身体内的宠爱细胞，也打通少有流动的枝节、脉络，只为化作天使之身，宠爱那独有的一人。

跟随团队的步伐，也将自己化身天使，抽取守护的那一个，并迅速发动大脑策划惊喜。不禁也会思考，"惊喜"为何物？惊喜是不经意间的意外之喜，也是事先未曾预知的爱意。所以，日日惊喜就已足矣。思索被守护着的种种，也照单下菜，并努力烹饪出别样的美味和精彩。或许，礼物的轻重已不重要，重要的，是我以天使之身，在这寒冷的冬日里为你送去的一份温暖。

当然，除却宠爱他人，我们每个人也都是被宠对象。一来一往中，传送情感中，也深深感受着被爱的神奇与魔力。一句句温暖的话语、一份份贴心的礼物都在尽力驱赶着身上的"寒意"。

送出爱是温暖的，收获爱是幸福的。每一个化身天使的使者都是传递爱的使者。愿每个你都能被宠爱一生！

天使在继续

于孩子们而言，成人的一句话、一个举动或许就会成为他们学习并模仿的对象。模仿也是学习的重要途径之一。

天使活动在校园里弥漫了一周的时光，送礼物、传温暖，好一派热闹非凡的景象。所以，我在准备周一的《园长讲故事》时，也思考着将天使的温暖带给孩子们。与张炜炜老师一起演绎了歌曲《你就是我的天使》，也给孩子们选择了绘本故事《天使》，并准备将校园里发生的神秘天使活动讲给孩子们听。于是，就有了今日校园里迷你版的神秘天使在行动。

临近中午时分，在二楼平台处见到了杨志慧老师和陈柏嘉宝贝。陈柏嘉手拿一幅画，略有羞涩地告诉我，那是送给我的。原本以为是一封邀请函，邀我参加他们班级的活动，在打开后并未看到邀请的痕迹。一番了解才得知，孩子们在听了《园长讲故事》之后，在班级里也策划起了神秘天使的活动。每个人都画了一幅画，送给被保护的天使。有的放在了某个小朋友午睡的枕头下，有的悄悄藏在了小床下，唯独到了陈柏嘉去放礼物时，迟迟不愿放下。

几番等待，杨志慧老师终于忍不住上前去问个究竟，也终于知晓，原来陈柏嘉想把自己的画送给园长阿姨。接过柏嘉画的那一刻，倍感温暖又幸运。

温暖，是因为上一周的被守护在今天依然继续。幸运，是因为被一群可爱的孩子们时刻惦记着。

还记得，在故事《天使》的录制结尾，曾录下了这样几句话："在我们每个人的身边，都有着许许多多的天使。他们或许是你的爸爸妈妈，也或许是你的好朋友或老师。愿你们不仅被宠爱，也能做一个传递爱、温暖他人的天使！"所以，当天使活动在孩子们的中间铺展开来，似乎也深深地感受到了来自天使的神奇魔力。

每个人都在尽力地想办法去守护天使，也享受着一份天使的宠爱。或许，这就是爱与被爱。单纯地一句爱与被爱，仅是一句话；而当一切有了看得见、摸得着的载体，温度与温暖也必然在校园之中传递。作为天使，不仅要有被爱的权利，当然也要有爱他人的能力。所以，午睡起床后，为陈柏嘉送上一块甜美的糕点，作为今日天使的回礼。让他明白，爱他人是开心的，被他人爱是幸福的。

同样，除却柏嘉天使的守护，今日里还有了意外的惊喜，或许也可以称之为"天使在继续"。

人与人之间的相处，无须很多华美的语言，也不需要你帮我扛起所有的委屈。或许，一句"懂你"足矣！天使在继续，温暖在传递！

一个都不能少

　　每一位老师都是珍贵的存在。教职工运动会赛场上，每个人都是重要的！

　　艾瑞德"心随艾动·新梦起航"教职工艾运会圆满落下帷幕。激烈的赛事、沸腾的操场让冬季的寒冷里多了一丝丝暖意。计分板上按名次先后顺序的积分榜，记录着每个团队拼搏奋进之后的模样，也书写着大家奋力拼搏所呈现的团队力量！

　　如果单单就得分榜而言，幼儿园团队除"水球"和"拔河"是第二名各得8分之外，其他的"一分钟跳绳""一圈到底""漂洋过海""多人多足""撕名牌""踢毽子"6项比赛均以第一名的战绩夺下满分9分。成绩是耀眼的，在成绩的背后，是一个团队齐心协力、奋力拼搏的精神！在这耀眼战绩背后，有太多的故事可以讲，我最想要讲的是，在这拼搏的赛场上，幼儿园这支团队里的人员一个都没有少！

　　从最初接到全校教职工艾运会的通知开始，大家就开始了报名工作，面对不同的赛事，团队里的老师们结合赛事的属性，结合自己的实力，进行了自荐和他荐。在这个过程中，大家有了一个共同的声音：确保每个人都能参加比赛！

　　当有了这一共同的目标，大家也都积极地配合一些项目的人员调整。

平日里低头干活的保育老师们组建了幼儿园拔河比赛的参赛队；会游泳的老师们则组成了水球赛队；耐力好一些的老师推荐参与"一分钟跳绳""一圈到底"的赛事；面对"多人多足""漂洋过海""撕名牌"这些团体项目时，更多的是需要团队的合作，在剩下的人员中，大家只要多加练习，并确定好核心人员即可。这样的分配和调配确保了幼儿园团队里的每个人都有了登上赛场展示自我的机会！

赛场亦是一个展示自我、挑战自我和超越自我的平台。站在赛场上，感受着来自赛场外伙伴们的加油和呐喊，身体会被注入无限的能量。站在赛场上，奋力拼搏的模样也是一个人最好的成长！台子属于每一个人，赛场亦是如此！

一下午的精彩赛事，不同的项目，不同的赛场，却展示着相同的风采。赛场上奋力拼搏，赛场外加油呐喊！赛场内外呈现着一种"我为你呐喊，你为我鼓掌"的其乐融融！而在颁奖台上，团队里的每一位人员也都得到了奖牌，无论是金牌，抑或是银牌，都是对赛场上奋力拼搏的嘉奖。爱奖牌，是每一位赛场运动员的心声！

比赛，是一种形式；赛场，是一个台子。让每个人都有登台的机会，让每个珍贵的存在都看得见！

让每一个日子都值得珍藏

按照惯例，一些日子来临之前，幼儿园里总会"热闹非凡"一番，尤其在环境的创设和布置上，总能给人带来强烈的冲击。环境的渲染，是为了给孩子们营造节日的"场"，也是为了将每一个日子过成"美丽的不同"。春节的红灯笼、端午的赛龙舟、中秋的嫦娥奔月、国庆的红旗飘飘，等等。

即将迎来一年一度的冬至，所以，幼儿园里充斥着关于冬至的各种海报、习俗板画等。每一个走过的孩童总会不自觉地驻足观望一番，或摸一摸饱满的饺子，探讨一番飘扬的雪花，好奇地探究这些有意思的节日又是什么。当然，不同年龄段的孩子面对这些环境的渲染也总是会呈现出不同的反应和状态。

年龄略长的孩子在看到那些熟悉的画面时，兴奋地欢呼："冬至到了，又可以包饺子啦！耶耶耶，好开心啊！"而每当这时，站在一边的弟弟妹妹总会一脸诧异地看着哥哥姐姐们的欢呼，似乎在想："那是一个什么日子啊？"

就在想要过去向他们解释一番的时候，却也猛然间发现：往日里站在一边诧异的娃娃们，今日里却成了欢呼的主角。所以，不必解释，也不必担心他们不懂，终有一天，今日里的一脸诧异会迎来晴日里的艳阳。因为从不懂到欢呼的距离，就在于一场亲身体验的经历。

环境在一定意义上不仅是观赏性的存在，也是拥有内涵的显现。在幼儿园三楼主题墙中有一面特殊的墙，它由大大的抖音符号和每一张小小的照片组成。凑近一看，就不难发现，照片上方是孩子自信的模样，下方有一个小小的二维码。如果你问我，这面墙到底讲述的是什么，偷偷告诉你哦，不妨拿出手机扫一扫。当你拿出手机的那一刻，"嘀"的一声，便扫出儿童的新样态，扫出信息化教学背后的价值。一个小小的链接让孩童与现代的科技紧密相连。

打造会说话的环境，让幼儿园的一点一滴、点点滴滴都与孩子们的每一个日常相关联，一群人在不懈地努力着。日子本没有什么不同，但也因有了环境的传播与渲染，让孩子们在园的每一天都深深感受到了满满的美好。

我们要做的，仅是日复一日、年复一年地将环境渲染创造，营造出让孩子们自己去经历、去体验的场域。

当教师弹唱和孩子们在一起

2020 年 12 月，幼儿园里开启了教师五项技能大赛之钢琴弹唱。

不同以往的是，钢琴弹唱的比赛从过往的音体教室演奏搬至了每个班的课堂上。原本整齐排座的评委们也手拎评分表游走在各个班级的教室里。跟随大家的脚步，我也从三楼跑到二楼，又从一楼跑到三楼，聆听老师们的弹唱，亲身感受一番当教师的比赛与孩子们的课堂融合在一起的氛围。

这是一次大胆的尝试，也是一次全新的融合。融合，让弹唱有了灵魂。单纯的钢琴弹奏是一项略有枯燥和乏味的比赛，老师双手弹琴，嘴巴里在哼唱。一个人的演唱力量终究是单薄的。今天，每一位钢琴演奏者的身后都有着一群孩子在尽情演唱，她们或激情澎湃，或加上了表演，让弹唱这件事也有了灵魂。

在中班的教室里，孩子们跟着钢琴演奏进行了分组比赛和表演，每一次站在台前的孩子都尽情演唱，抒发着浓厚的情感；而坐在观众席的孩子们也尽情鼓掌，仿若在听一场演唱会。大大班的教室里，孩子们伴着老师的弹奏，表演起了"理发师"。这个原本出现在歌词里的角色，被孩子们一边唱一边演了出来，别有一番味道。

当弹唱大赛和孩子们在一起，音乐渲染孩童日常，教师的比赛也有了灵魂。

融合，让师生多了交融。走进每个班聆听弹唱比赛，都有一种聆听音乐会的感觉。一个人的演奏固然华丽，但有了孩童们的"伴舞"，才会让舞台更加熠熠生辉。这是一方师生共同演绎的舞台，需要双方合力完成。老师用心将自己参赛的曲目教给孩子们，而孩子们也倾情献唱歌曲，为老师的参赛助一臂之力。

师生一场，彼此助力，让这份交融更给力！融合，让比赛贴近儿童。教师技能大赛的初衷是助力课堂、服务儿童。所以，当教师比赛和孩子们在一起时，更加体现了儿童立场。所谓儿童立场，是指多站在孩子的角度思考问题。这份融合也让我们得以窥见，贴近儿童的比赛更具真实感。各个班的孩子们跟随三位老师弹唱的歌曲殷殷献唱，并手舞足蹈进行表演，不禁让人忘却这是一个比赛现场。

当教师弹唱大赛和孩子们在一起，活跃了课堂的日常，也助力着大赛的扬帆起航。

"剧"有料

幼儿园第六届教师五项技能大赛之《"剧"有料》在学校报告厅里精彩上演。这一届的一大突破点是有了全园的孩子们做观众，并担当情景剧演出项目的评委。跟着题目"剧"有料走进一幕又一幕精彩表演，可谓是"料"意满满。

有料一：狼来了？羊来了？

演出的开篇，以家喻户晓的故事《狼来了》改编创作，却不料，被一只真实世界里的羊抢了风头。故事的演变是这样的：扮演放羊娃的王仁娇老师为了给孩子们真实的感官体验，不畏挑战，牵来了一头真的羊。当羊出现在舞台上的那一刻，整个报告厅沸腾了起来。舞台之上，放羊娃放起了真羊，且不说孩子们少见，就连我这个长孩子们 30 余岁的成年人也是第一次见如此情景。

当然，有了羊的舞台多了几分意"料"之喜。原本题为《狼来了》的演出，活脱脱被一只羊占了"上风"。所以，狼来了？还是羊来了？令人傻傻分不清楚。

有料二：小矮人真"小"

童话的世界里，白雪公主可谓是人尽皆知的一角。在这样一个向孩子们展示童话的舞台上，自然少不了她。可今天的《白雪公主》现场，料点之王不再是美丽、大方的白雪公主，也不是手段凶残的恶毒皇后，而是被一群萌翻天的"小矮人"摘了头冠。

剧里的小矮人由原本老师半蹲下而扮演的角色变为了一群萌娃。身着小矮人披风、头戴小矮人帽子的他们，一上台便一副最佳"小矮人"的模样，与一个个身材高大的老师们形成了鲜明的对比。这些小矮人们在看到白雪公主被皇后"毒"死的那一刻，真的伤心难过地哭了起来。想必，他们小小的心灵还不太明白童话故事里的弯弯曲曲吧！

有料三：艾莎迎来大聚会

艾莎公主是风靡儿童世界的有名人物，记得在一次童话故事节中，校园里望去，满眼都是艾莎的身影。

借此舞台剧演出，老师们也将艾莎带上了舞台。由陈丽蓉老师扮演的艾莎公主将孩子们的眼球紧紧吸引。在故事接近尾声时，丽蓉向舞台下的孩子们伸出了手。瞬间，身着艾莎衣服的公主们争先恐后地跑上了舞台。一群艾莎的围聚，将报告厅的舞台渲染成了池子，俨然一副艾莎大聚会的感觉。当熟悉的艾莎来到身边，当大大小小的艾莎一起翩翩起舞，舞池也自然绚丽多彩。

料意满满的舞台剧，妙不可言！

垃圾分类我先行

早有耳闻，从 2019 年 12 月 1 日起，郑州正式实施垃圾分类投放。

在这一实施真正来到之前，艾瑞德国际幼儿园里的小朋友们历时一周进行学习和认识，并在学校报告厅内举行了隆重的启动仪式。

垃圾分类，是指将我们日常生活中产生的垃圾，按照一定的规定或标准进行分类存储、分类投放和分类搬运。其分类的目的是提高垃圾的资源价值，减少垃圾处理成本，维护我们身边的环境。

幼儿园大厅的玻璃上，贴上了垃圾分类的宣传海报；在校园丹山路上的小栅栏处，也挂上了不同垃圾分类的标识；在每个班级里，也都能看到垃圾桶变了模样……孩子们已经开始在尝试着做垃圾分类。偶有路过走廊处时，也听到了孩子们在学习垃圾分类的小儿歌。

一首垃圾分类的儿歌把我拉回垃圾分类启动仪式现场。看着孩子们的表演，我开始意识到，垃圾分类确实是个事。孩子们经过一周的学习之后，已经有了清晰的认识。故事剧讲的是老师和孩子们一起就垃圾分类进行讨论的话题。坐在台下，看着垃圾分类故事的演出，让我对于垃圾的合理分类有了深入了解。

看着孩子们精彩的表演，他们似乎已经基础掌握了垃圾分类的相关要领。启动仪式结束，垃圾分类也正式在幼儿园里开始实施。中午时分，孩子们拿着"垃圾分类，从我做起"的宣传海报来到了我的办公室，并拉着我一起喊出这响亮的口号。我的内心久久不能平静。

垃圾分类，看似和我身边的这些孩子们相隔遥远，但孩子们对于垃圾类别的认知令我佩服。看着孩子们脸上洋溢着笑容离开我的办公室，我知道，这样的教育深得他们的"喜欢"。

很多时候，也不免会思考，我们的教育该如何做？是按书本照本宣科吗？是按着计划丝毫不得有调整吗？更或者，把孩子们封锁在教室里，寻求所谓的"安全"吗？我不认同也不愿如此。我深深地相信，和孩子们一起学习，一起行动，是件极其有意思的事。因为，我看到了孩子们的喜欢，也看到了孩子们的笑脸。

从当下开始，还有了行动。这样的教育在孩子们的人生里程里怎会毫无意义？

红红火火迎新篇

每年 12 月 31 日的日历翻篇，也预示着要迎接新的一年。按照中国传统习俗，除夕的跨年夜是阖家团圆的日子；所以，元旦的迎新篇也就成了园内的固定项目。进入 12 月的最后一周，迎新年的活动也就陆续拉开了帷幕。

属相故事。每一年的更替也预示着属相的变换，在辞旧迎新之际，告别旧一年的属相，迎接新一年的萌宠，是标配。在 12 月的最后一周里，小黄书包把一本本新年的故事书带回小朋友的家。在绘本故事中他们认识新的属相，了解新年的意义，为迎接新篇章做足准备。

歌曲传唱。清晨，伴着欢乐中国年的歌曲踏进幼儿园，一个个孩子手舞足蹈，在音乐声中感受年与年的交接。音乐是氛围的渲染剂，当有了"新年快乐，祝你新年快乐"等有关新年的歌曲在校园中弥漫，也预示着新的篇章即将开启。所以，元旦来临之际，幼儿园的空气里弥漫着的，都是新年歌曲的味道。

一抹中国红展新篇。31 日当天，所有的小女生们扎起了红头绳，小男生们在额头上点起了红痣，这是典型的中国娃娃的象征。红色，是中国人钟爱的颜色，代表着喜庆、热闹与祥和。在重要时刻、重要日子里，人们都会穿红色衣服、张贴红色窗花等。用一抹红色喜迎新年，是每年最后一天里例行的习俗。

　　穿上红衣红红火火。在新的一年来临之际，穿上一袭红衣，也早已成为师生间的共识。红色的披风、红色的毛衣、红色的棉袄、红色的斗篷、红色的帽子、红色的鞋袜，等等。用红红火火的样子迎接崭新亮丽的一年，期待着新的一年里红红火火。

　　属相交接、许下心愿。手拿新年愿望卡的小朋友欢呼雀跃，与熟悉的老师分享着自己的愿望，也期许着每一年里的成长。园内大厅里的小树上，挂满了孩子们各种各样的心愿，也挂满了对于新一年的期许。在孩子们的注目下，属相交接年历，又在孩子们的欢呼声中，为大家送去新年的第一份礼物。

　　红包派送不可少。伴着一句新年快乐，在属相手中接过红包，阎瑜柯小朋友一蹦一跳奔向不远处的妈妈，打开红包，一个漂亮的发卡掉了出来。阎瑜柯连忙捡起，迫不及待别至头发上。妈妈说很漂亮，阎瑜柯走路都踮起了脚尖。更有三五好友一起接过红包，边走边打开，你一颗糖果、我一个巧克力金币、她一个漂亮头绳，你欢呼。我雀跃，一起奔走向远方。

　　为孩子们发送新年红包，也是校园里迎接新一年篇章的最后一项。临别之时，从园长阿姨手中接过载有满满祝福的红包，也期待着新的一年里红火如意又美满。

　　每一个环节里都是对新一年到来的期许，每一个仪式里都是对未知的美好向往。新年新篇章，一起勇敢闯！

欢喜道别离

寒假来临前的最后一天，幼儿园里开起了各种"趴"（网络用语，"聚会"的意思）：电影"趴"、火锅"趴"、变装"趴"、生日"趴"、睡衣"趴"，等等。这些"趴"的出现，让寒假前的别离有了欢喜的味道。

电影"趴"。到电影院里观看一场电影，是人们生活中常有的项目之一。幼儿园里的萌娃们也常会有到影院观影的愿望。所以，在学期的最后一天，带孩子们到电影院观看电影，颇受欢迎。渐渐地，老师们尝试着将电影院"搬"至了教室。这份搬，是老师的倾心重磅打造。舒服的沙发、柔软的地毯、若隐若现的灯光、爆米花等出现在了熟悉的教室里，打造出了电影院的感觉。观看影片的孩子们或坐或爬，或躺或倚，吃着爆米花，悠闲地畅享着观影的美好。

火锅"趴"。在寒冷的冬天里吃一顿火锅，是再合适不过的事了。终日品尝学校饭菜的孩子们，对于在学校里吃一餐火锅也颇有几分期盼。于是，火锅趴在学期最后的这一天重磅上线。前一天，孩子们自行在班级里分了工：一个小组带蔬菜，一个小组带肉制品，一个小组带锅和锅底食材，一个小组带水果和饮料，一个小组带蘸料，等等。各自分工，小组合作，巧妙的搭配，合理的协调，在孩子们中间铺展开来。火锅趴也要有火锅趴的仪式感，于是，班级里的一角被装扮成为食材架，大桌的围坐也让火锅的氛围十足。

变装"趴"。有趣的动漫人物、灵动的生物精灵、可爱的动物朋友，向往的角色扮演，是埋藏在孩子们心中的一粒种子。在学期结束的这一天满足所有人的小心愿，再合适不过了。于是，变装趴出现了。身穿警察服的、艾莎公主服的、装扮成年画娃娃、恐龙、仙女、孙悟空、小猪佩奇等的，统统来到了校园。变装趴上，大家各显神通，各展才艺，欢笑声不断，赞美声连连。

生日"趴"。在幼儿园里过生日，是每一个孩子的愿望；但部分孩子的生日不凑巧，在假期里，这也就错失了在校园里过生日的机会。曾有不少孩子因为不能在学校里过生日而苦恼。老师们趁着别离之前精心策划了集体生日会，让那些错失在校园过生日的孩子了却一桩小心愿。生日趴的出现正应了那句：每一个孩子都是珍贵的存在。老师用行动托起每一份珍贵。

睡衣"趴"。睡衣是居家服饰，少有人会在学校这么正式的场合如此穿着。不过，也正因为少见，变得可爱而有趣。身着睡衣出现在校园里的孩子们，脸上的笑容更加灿烂了。疯狂的音乐、闪烁的星空灯、加上随意的睡衣，格格不入中，是一派欢喜的美好。

嗨趴，是结束的仪式，是结束的欢喜，是一场场肆无忌惮的嗨翻时刻！

音乐节

　　音乐使人快乐，音乐节让家长开心、校园沸腾。音乐节是艾瑞德国际幼儿园一年一度的重要节日，在每年 4 月的最后一个周五，幼儿园会如期举行音乐节活动。

　　说起音乐节，不得不说，这是艾瑞德幼儿园年度最值得期待的重要节日之一。在音乐节，我们将音乐和服饰相融合，不同年级组的家长和孩子穿上具有鲜明特色的服饰，如婚纱、旗袍、唐装、晚礼服、亲子装，等等。伴随着不同主题的音乐，身着不同服饰的家长和孩子一起登台展示。服饰和音乐的完美结合，让人耳目一新，颇有一种浸润在音乐殿堂的感觉。

　　在第一届音乐节时，很多家长碍于面子，在穿衣上十分拘谨；而作为领队的老师们个个大显身手，用美丽得体的服饰展现了时尚之美。第二届音乐节，所有的家长和孩子闪亮出场，仅是五光十色的着装就让整场音乐节增色不少。当然，服饰和音乐的结合仅是音乐节的一部分而已，除此之外，每年的音乐节也是家长们最期待的节日之一，因为在这个节日里，我们为家长提供了和孩子一起一家人登台展示的机会。在每年的音乐节，舞台不再是像往日里仅属于孩子，在这个时候，这个舞台也是属于家长们的。作为家长，也是从学生时代一步步走过来的，昔日里也许是某个舞台上的小小明星呢！

家长参加工作之后，就少有机会再有舞台供自己展示才华。借助音乐节，我们给家长朋友们搭建舞台，让昔日里的小明星也再次登台，展现自己的风采。爱跳舞的、爱演奏乐器的、爱和孩子一起卖萌的，等等，都可在这个舞台上传播快乐。

不同类型的音乐、不同类型的演绎，总会让人有一种心旷神怡之感。音乐是个神奇的东西，开心时，伴着一曲音乐翩翩起舞一番；难过时，伴着一曲音乐默默安静一会儿；兴奋时，借助音乐让自己慢慢沉下来；深沉时，伴着一曲音乐让自己的情绪好转起来……。

音乐让人赏心悦目，并能够为大家带来听觉的享受。常与音乐相伴，不仅能提高人的审美能力，还能净化其心灵。对于3～6岁的幼儿而言，如果长期和音乐相伴，对其成长也是极其有帮助的。当然，能够感受音乐之美、创造音乐之乐趣的人，幸福感也会随之增强。

其实，在我们每个人的心中都有一粒音乐的种子，如何唤醒它成长，如何与它共舞，值得我们去深思、去研究、去探讨。

泼水节

自 2015 年起，每年的 6 月，学期结束时，都会有泼水节活动，这是幼儿园的惯例，也是孩子们最喜欢的活动之一！

今年学期的工作就要画上句号了，而画句号的方式依然是一场狂欢的泼水活动。此次活动的牵头负责人胡瑞杰带领老师们开始了活动前的场地布置，为两个大大的充气水池充好气，也注入了半池的水；班里的老师们也把水盆、孩子们的泳衣准备整齐。做好一切，也就只等着孩子们的到来了。今天一大早，刚走至学校丹山路，就看到了操场上两个大大的蓝色池子安静地停在那儿，似乎也在期待着孩子们的到来。

校园里，同时进行的，还有 2019 年新生家长课堂的开班。作为主持人的我很遗憾地要和这场泼水节活动擦肩而过了。报告厅里的开班仪式和操场上的泼水节活动同时进行，不一样的场所里展现着相同的精彩！伴随着泼水节活动的预热，运动场上很快就成了水世界。趁着家长课堂中场休息的时间，我透过窗户看向运动场，两个大大的水池里，萌娃们嬉戏着，也互泼着。那一幕让我想起了云南少数民族的泼水节，人们以身体被泼水的次数和强度来判断一个人的受欢迎程度。在那里，水是吉祥的象征，水也是受欢迎的象征。

回过神来，再次看向窗外的大操场，几个老师被一群家长朋友追着泼，更有一些家长朋友如孩子一般玩得不亦乐乎！而在家长课堂的间隙，正在参加家长课堂的一位家长朋友，因为家里老大已在幼儿园就读，趁着休息的间隙，紧急移步运动场，和孩子们一起嗨玩了一把！

泼水节是幼儿园孩子们最喜欢的活动之一。每每到了夏季，孩子们就开始翘首期盼着泼水节的到来。除了孩子们欢喜外，泼水节也是家长朋友们的快乐战场！

节日活动是幼儿园教育中重要的组成部分。在这样的活动中，孩子们体验着、感受着、幸福着。这也让我深深地体悟顾明远先生的那句话："教书育人在细节处，学生成长在活动中！"

勇敢者之夜

　　大大班的孩子们即将要结束幼儿园生活了，看着教室里日渐减少的孩子数，不舍与沉重弥漫在了孩子与老师的心里，更写在每个人的脸上。幼儿园的结束，是孩子们第一次面临"毕业"这个词，尽管，他们多数还不明白它的深刻含义。一起生活了 4 年的老师，看着昔日里怀抱中的小萌娃一朝长成了少年，不忍别离是所有人的心声。所以，利用最后的相拥时光，为孩子们的幼儿园生活留下些美好，是所有人的心声。

　　勇敢者之夜是系列美好中的一环。早早地，这个活动就在老师们紧锣密鼓的筹备中扬帆起航。做调研，做计划，梳理方案，定时间，查天气，等。做好的计划 A，结合学校整体工作安排再做调整，并结合雷雨天气多的因素做出了计划 B。

　　当天早上，看到孩子们一个个拉着行李箱入园，恍惚中有种错觉：难道是要出行吗？后来和孩子聊天才得知，"住在学校就和出去旅行一样"。一整天里，幼儿园中都弥漫着孩子们的兴奋与开心，以至于到了夜深人静时，校园中还有他们的欢呼声。一夜的挑战，故事很多，摘取了了，分享于此。

不同意启动 B 计划

　　下午 4 点左右，下起了雨。张萌老师在幼儿园的音体教室内对孩子们说："由于外面下雨，晚上我们要启动 B 计划。"她的话音刚落，几个孩子就高呼："不同意启动 B 计划，我们要 A 计划。"话语刚落，几个孩子便冲出教室，奔向了操场，拉起几顶帐篷就跑。很快，在孩子们的忙碌下，7 顶帐篷被移至了芝麻街。

A 计划，是在学校操场上为孩子们准备了 33 顶帐篷，勇敢者之夜的夜宿之处就是帐篷内。这一计划颇受孩子们的喜爱和期待，晾晒帐篷，寻找搭档，孩子们都协力完成。

B 计划，是如有降雨或者天气炎热，导致帐篷内无法正常入眠，就将夜宿之处调整为班级教室内。这一计划是备胎。

由于下雨，晚间临时启动了 B 计划，未曾想却遭到了大大班孩子们的集体"抗议"。晚间 10：30 的芝麻街，帐篷朵朵开，躲藏在帐篷内的孩子们兴奋着、开心着。不同意启动 B 计划的他们如愿以偿了。

星星都去哪了

晚间 9：30，学校的大操场上，一群孩子或坐、或躺、或借助望远镜，齐向天空望。"付老师，天空为什么没有星星啊？"一个手扶望远镜的小男孩不得其解地问向身边的付丽萍老师。

生活在城市中的 6 岁孩童少有机会目睹黑夜星空的神采。得知住校可以望星空，有的带来了望远镜，有的买了专业的设备，还有的带上了荧光棒，以祈求和星星更近。可孩子们不知道，雨后的天空，星星也隐身了。星空无垠，值得用心探索和研究，未见到星星的夜晚，有缺憾，但不失开心。因为，在这样一个美好的夜晚里，孩子们还走了睡衣秀，在手灯下寻了宝，做了游戏，布置了温馨的休息区，体验了与小伙伴同床共眠的乐趣。

这一夜，不回家；这一夜，挑战勇敢；这一夜，让幼儿园生活又多了一彩！

○ 花的念想：幼儿园里的小美好 ●

磨 合

　　幼儿园启动了阳光户外体育活动项目，启动实施许久还一直处于不完善状态。一来因为园内外出活动丰富，在每周二和周四的活动实施中总会有班级因外出而不在校内；二来器材的调试工作也在不断进行着。

　　户外运动时间，孩子们如约而至，在班级老师的带领下开始尝试着各个项目的游玩，钻、爬、跳、跨，可谓是样样齐全。幼儿园的小操场和学校的篮球场两个场地上，顿时一片热闹非凡。看着孩子们玩得开心的样子，自己也从心底里感到高兴。这正是孩子们成长中应该有的样子啊！

　　给孩子们搭建体育锻炼的平台，让孩子享受有趣的户外体育活动，是我们义不容辞的责任和义务。在阳光户外体育活动活动中，我们就户外体育活动的器材选择是否合理、游戏设置是否遵循年龄特点、孩子在游玩时间是否有消极等待、体育器材的投放是否达到班级所需等问题进行了重点关注。在幼儿园小操场上，我们发现了跨栏道具似乎太轻，而不利于孩子们的活动；打地鼠的彩虹伞太受欢迎，而容易导致后面的班级等待时间略长等；在篮球场区域，孩子们的年龄较大，似乎对于体育活动的热情也更加高涨，在游戏设置和器材的投放问题上也需要做些许的调整。

　　观察到的问题，在体育活动结束之后迅速召开了协商会议，也很快就商讨出了下一步想要改进的方案：部分器材进行调整，部分器材进行增添，篮球场的项目设置也再增加 1～2 项，场地负责人也实行统一化管理，等等。当一切改进的想法和方案得以确定，接下来就会是实施了。

陈铭阳老师将会在接下来跟进关注此方面的体育活动开展情况，并及时地反馈和再协调。当面对活动中出现的问题时，需要大家不断地磨合和调整，每一次磨合都会让活动产生新的效果，每一次的调整都只为让这些游戏的设置更加地具有"儿童立场"。

不断地磨合，不断地改进，努力让阳光户外体育活动项目成为幼儿园孩子们期待的模样！

朋友圈里的"新闻"

朋友圈里播新闻，播出故事，播出时效。

随着老师们简书、公众号的日益增多，每天透过朋友圈阅读大家的文章，成了我一天中极其重要的一件事。在阅读的过程中，时常会有一种看新闻联播的感觉。在每个老师身边，在每个班级里面，在幼儿园的角角落落等，都在上演着一个又一个精彩的故事。今天晚上一遍读下来，看到了如下几则趣闻：

新闻 1

因为天气原因，原本计划前往农场探望一亩田的小班组孩子们不得不取消出行计划。面对这突如其来的"噩耗"，机智的苗晓洁老师急中生智，带领孩子们在教室里制作许愿瓶，这些许愿瓶里是孩子们想要对种子说的话，如今，这些许愿瓶被挂在了教室门口的墙上，大家共同期待着天气放晴的那一天，再把许愿瓶挂在农场中，挂在一亩田里，挂在种子的上方。

新闻 2

在任相玉老师的简书中，看到了孩子们一起动手制作的许愿树在今天圆满完成，孩子们亲自动手扎染许愿布条，一起布展许愿树，许下愿望，并在许愿树下认真地祈祷愿望早日实现。让孩子们亲自动手做这一切，只为让孩子们参与到每个活动当中，以便让孩子们每天都能喜欢来幼儿园。与此同时，任相玉老师也期待着和孩子们在一起的每一天都变得充满乐趣和值得纪念。

新闻 3

大大班的孩子们在今天开始了小学拓展课的体验和学习。对于大大班的孩子们而言，对即将到来的小学生活充满了好奇和期待，而和小学在同一个校区的我们有着天然的优势。为了让孩子们提前了解小学生活的乐趣，我们给孩子们建立通道，让孩子们提前感知感受小学生活的美好！

新闻 4

非洲鼓课如约进行，孩子们在寓教于乐的非洲鼓课中感知音乐的美好。作为非洲鼓的重点培养对象之一，高盼老师认真地学习着，争取早日自己给孩子们上的非洲鼓课上一展风采。

新闻 5

继上周的晕染大作之后，今天大班的孩子们又迎来了小清新样的晕染。感知晕染原理，观察晕染变化等，都让孩子们的课堂充满了无限的乐趣！

除了幼儿园里的新闻，朋友圈里还揽进了小学部里发生的美好故事：陈琳老师的暗访鞠躬礼，皇甫老师继《活法》一书之后对《干法》《心法》的追读，等等。

每一则新闻都在诉说着，在这样看似平凡的一天里，艾瑞德这片土地上正在发生着各种精彩的故事，或好玩，或有趣，或美好。艾瑞德人的微信朋友圈似乎也成了艾瑞德的新闻直通车，每天读一读，看一看，必能感知热乎乎的新鲜事！

收 获

自小在田间地头长大的我对于田园有着极特殊的情感，尤其在看着田间农作物一天天长大，心中不免窃喜。小时候，总盼望着田地里有活干，因为可以放假。那时候的我们，除了有寒假、暑假外，还会有收麦假、收秋假。收麦假和收秋假是家里最忙的时候，大人们抢分夺秒在田间地头忙碌，唯恐一场雨的到来，冲刷了地里已经长熟的作物。田间，除却大人们在忙碌之外，总会有不少孩子的身影，或奔跑，或摘野果子，或找野鸡蛋，玩得不亦乐乎。

再长大一点儿，这样的假期里，不再是肆意游玩了，更多是帮助大人们收割、搬运。于是，用镰刀割麦子、用锄头翻土等农活，干得是热火朝天。那样的时光里，很辛苦，却也很甜。各种野果、野味丰富了味蕾，收获的季节里，也分享着大人们的喜悦。这么多年过去了，每每想起那段时光，心中总还会有窃喜，窃喜自己有那样的经历和童年。

300 亩的田园校区一直是孩子们心头上的期盼。春天看花，夏天摘果，秋天收获，冬天雪藏，一年四季的变换在那里最为清晰。大自然的芬芳在那里最为显著。如今，我常和幼儿园的老师们一起到学校的田园校区收获果实，品味劳动。与过往不同的，是此次的收获，我成了团队里"干活"的示范者。

历经了一个冬天，又走过了一个春天，幼儿园责任田里的大蒜、油菜都已成熟，静待丰收。走进田园间的老师们也摇身一变，化身成了"农夫"。化身的农夫与真正的农夫有一个巨大的差别，就是干活功夫的真与假：看似同样挥舞着镰刀收割油菜，踩起铁锹铲出大蒜，有的人很快就干出了收获，有的人却"碌碌无为"。更有一些老师们，利用这难得的田园时光，体验起了家有万亩田的感觉。于是，过往有田园劳动经验的生活老师们自觉担当起了此次收获的主力军。

面对一个个年轻貌美的劳作"小白鼠"，耐心地教导，认真地示范，好一幅和谐的田园劳作画面在尽情地展现。几位生活老师聊天时发出感叹："好多年没有种过地了，还挺怀念。"也有年轻的老师们感叹："原来大蒜是这样长出来的。""原来油这么来之不易啊！""谁知盘中餐，粒粒皆辛苦"的诗句，众人皆知，但"汗滴禾下土"的体验，才会令人有真切感悟。经过一上午的忙碌，也有了丰硕的收获：大蒜、油菜籽、生菜等"战利品"装满了回程的行囊。

恰逢第一批果实成熟时，田园校区里的桑葚、杏已到了采摘季，忙碌完的老师们到果园里忙起了采摘，品尝到了最新鲜的果实。看着老师们一个个开心的样子，脑海中也再次浮现出童年里的画面：高高的桑树上，爬满了"贪吃"的孩子，并不算甜的果实却也让个个吃得心满意足。现在想来，大概和自己亲手去摘有很大的关系吧！

一分耕耘一分收获，是泥土地用自己的方式告诉人们的道理。就如我们的生活，日日耕耘，才会有好的结果。收获，是喜悦的，因为那是汗水浇灌后的甜美，更是自我参与的快乐。

○ 花的念想：幼儿园里的小美好 ●

第四章

家长篇

8：30 电话

在艾瑞德国际幼儿园，每天早上 8：30，我会在办公室里拨出一通又一通给家长的表扬电话。电话内容的来源是班级老师记录的小而温暖的事件，都是孩子在幼儿园生活的进步和变化。

8：30，我拨通大圣（小名）妈妈的电话。一大早，人们或许是刚刚上班，也或者还在上班路上。今天，大圣妈妈接通电话后，似乎还在"待苏醒"的状态。

于是，我也自觉地按照我的"8：30 问候方式"向她问好。在我做完了自我介绍、说明了电话来意后，电话那头明显开心起来。

她的笑声和传递而来的开心也让我再一次深深地感受着"相约 8：30 电话"的神奇魔力。其实，表扬孩子的事件很简单，但当我们通过这样的一个电话将孩子在学校里发生的有意思的"小事"向家长传递时，已不仅仅是传递事件本身那么简单了。

通过这个电话，传递的是老师的一份"看见"；拨通这个电话，表达的是园方的一份"重视"。在电话这头，我传递了王婷玉及小班工作组的老师们对于孩子在幼儿园成长的"关注"，每一则故事、每一点成长都在老师的眼里，也在老师们的心里。在电话那头，妈妈开心地回应着对于老师们的感谢，表达着孩子入园以来的点点滴滴成长变化。她欣慰，孩子的每一个细节都被老师们"看见"，并努力帮助其成长至更好。

　　和大圣妈妈的通话，打破了我自拨打"8：30 表扬"电话以来的通话时长，时间长达 27 分 4 秒。这样的通话时长里，是妈妈"总也表达不完"的心里话。孩子在幼儿园的成长变化，每一点、每一滴都牵动着家长的心，而对孩子的表扬，也是每位家长最愿意听到的话。电话这头，传去点滴表扬；电话那头，传来丝丝喜悦。

　　一通电话，连接的是老师与家长的心，传递的是彼此间的一份温情。美好的一天从这样一个电话开启。美好的心情，让我们彼此助力，共同谱写教育篇章。

通个电话

手机微信上收到了一位家长的信息，内容是这样的："王园长您好，我是熊悦瞳、熊一帆的妈妈。请问这会儿您有时间吗？能否给您通个电话啊？"接到这个信息的时候，我刚刚开始了一天的工作，于是，马上给家长回复了信息："瞳瞳妈，你好！我现在有一些事在忙，忙完之后第一时间给您回电话。"就这样，我开始了一上午的忙碌，开会、看家长课堂开课仪式流程，等等。

下午 3 点钟，我回到办公室后，拨通了瞳瞳妈妈的电话，我们俩的通话在相互问好之后开始了。15 分钟的通话中，瞳瞳妈表达了两个层面的含义：

其一，就刚刚过去的故事大赛，瞳瞳妈表达了自己的感受。最初，妈妈对于给瞳瞳报名参加故事大赛这件事没多大兴趣，觉得自己家的孩子也没有这方面的天赋，所以，当班级里的胡老师提议瞳瞳报名参加故事大赛时，妈妈也是抱着试试看的态度给瞳瞳报了名。令她没有想到的是，在这次的故事大赛中，班级里的老师们常常会代替自己来辅导瞳瞳，以至于到了故事大赛的决赛，瞳瞳都一路过关斩将，勇夺小童组冠军，这是作为妈妈的她没有想到的。所以，想了很久，妈妈决定把对老师们的感谢说给我听。瞳瞳从小班来到我们的幼儿园，这一路成长中的变化让作为妈妈的她倍感欣喜和欣慰。

　　其二，是关于自己的儿子熊一帆。一帆是晚姐姐一年来到幼儿园的，作为家里的小男孩，一直以"调皮"著称。刚来到幼儿园的时候，因为一帆常常和班里的孩子们发生矛盾和冲突，曾一度让班级里的老师们头疼。妈妈告诉我，班级里的老师没有责备，没有对妈妈抱怨，而是想尽各种办法帮助孩子去改变。妈妈常常接到苗玲玲老师的电话，告诉她在家里如何配合帮助一帆改变。妈妈也曾多次在走进幼儿园的时候，看到过一帆坐在班里任艳茹老师的腿上或在怀抱中。无论是苗老师想到的家园共育办法，还是艳茹老师的怀抱，都是一帆在过去两年的成长之中最宝贵的财富。所以，打来这个电话，也想要表达自己对于老师的感谢。

　　除了表达对于自己两个孩子老师的感谢外，妈妈此次想要和我通话还有一个原因，是想要表达对于幼儿园的感谢。尽管我回复说，这些都是我们应该做的；但妈妈依然要深深地表达感谢。在短短的十几分钟通话过程中，妈妈一度哽咽，对于老师，对于学校，她都有着真情的感激。2019年9月，她的第3个孩子就要走进我们的幼儿园，因为感动，也因为感谢，所以，妈妈说，一定要把孩子都送到这里来！

　　通个电话，是件再普通不过的事了，而通个电话，也让我们彼此心里暖暖的。这个学期以来，我也收到了很多类似于这样的电话。家长的开心、家长的感动以及家长的配合，是我们前行中最大的动力！

家长课堂欢乐多

家园共育，家校共融，欢乐课堂，幸福孩童。

让家长走进学校的课堂，是再平常不过的事了；在这看似平常的事中，却有着不同寻常。因为走进课堂里的家长不再是以家长的身份或是聆听者的身份，而是以老师的身份参与进了精彩的课堂。

家长来上课？是的，绝对没有错，就是家长来上课！不知不觉中，家长课堂成了幼儿园里一道亮丽的风景线。走进课堂的家长使尽浑身解数，用不同的方式为孩子们开展着丰富而又多彩的课堂。这不，上午的幼儿园里就来了这样的两位家长，分别带来了不同的课堂内容：

中班小朋友完子的爸爸，因为自己是学习轨道交通出身，便和郑州西站的工作人员进行了沟通和联系，给中班组的孩子们带来了一节精彩的认识高铁的课堂。学校的报告厅里，专业的讲解人员解说着动车组列车的演变过程，简短移动的动画呈现给孩子们带来了视觉的冲击。除此之外，幼儿园的音体教室里，工作人员还用心地摆出了轨道交通运行的模型道具，供孩子们参观和体验。动画的观看，模型的观摩，这仅是今天这节家长课堂的一部分而已，最精彩的当数带着两个班的孩子们一起前往郑州西站的那些体验。过安检，到候车厅，检票，再到站台，在站台上的安全知识学习，到最后见证列车飞驰而过的快感，这一系列的体验让孩子们真实地感受着，同时，也在不少孩子的心中种下了一颗梦想长大后当高铁司机或列车员的种子。一节家长课堂，一次精彩纷呈的体验，对孩子们而言，是多么的珍贵啊！

与此同时，幼儿园的芒果班也迎来了一位特殊的人物，他就是叶子小朋友的爸爸。叶子爸爸为了今天这节家长课，在前期做了大量的准备工作，查阅资料，制作PPT，联系地质博物馆，等等。课堂上，叶子爸爸给孩子们讲了有关恐龙的故事。4岁左右的孩子正是对恐龙感兴趣的年龄段，从恐龙的种类到恐龙的演变，到恐龙的灭绝，叶子爸爸讲得认真，孩子们也听得认真。一听说第二天会带大家一起前往地质博物馆观看恐龙化石，孩子们更是兴奋不已，课堂结束，孩子们瞬间成了叶子爸爸的小粉丝。面对孩子们的天真可爱劲，叶子爸爸也是好生欢喜。

走进课堂的家长，体验着作为一名幼儿老师的幸福感，同时，也感知着和孩子们在一起的各种美好。对于幼儿园而言，借助不同的家长资源，为孩子们开设丰富多彩的家长课堂，不仅丰富了孩子们的视野，也让孩子们感知到了多层面的世界。

相约家长课堂，相约一场美丽的相遇。在这场相遇中，我们获得着不同的成长力量！

家长眼中的艾瑞德

近来，到幼儿园咨询的家长络绎不绝。除了聊一聊家长关心的话题之外，也时常能听一听家长的心声，听他们说说自己眼中的艾瑞德，动容之处，颇为感动。那些故事和画面都是身边的人，也是身边的事，但从他们口中说出时，颇为动听。

鞠躬礼

凡凡（化名）妈妈分享，从去年开始，一家人就开始了给孩子的"择园"之路，和爸爸探访了不少幼儿园，来到艾瑞德国际幼儿园后，看到了一个现象，于是立马决定，就是这里了！妈妈说，第一次来艾瑞德校园，在校园里参观，一边走，一边听老师介绍。在前行过程中，身边经过的孩子停下了脚步，朝着她行了一个鞠躬礼。那一刻，妈妈很惊讶。这么小的孩子为什么会行鞠躬礼呢？了解后才知道，原来鞠躬礼是艾瑞德孩子们行走时遇到老师、家长或家人所行的礼仪。

在这个唯分数为王的时代里，艾瑞德却在重视着孩子的礼仪，多么难得啊！妈妈想，如果自己的孩子也能如此这般有礼貌，该有多好啊！所以，选择艾瑞德，刻不容缓！

专业

天天（化名）一家就天天的入学问题商量了很长时间。一家三口曾在高新区不少幼儿园探访、咨询。来到艾瑞德探访前，爸爸妈妈心中各自有了目标，意见略有不合。在同小区宝妈的建议下，一家三口决定到艾瑞德再看看。

负责接待的老师用微笑和专业接待了天天一家三口，闲聊间，老师也知道了夫妻双方的意见不合，于是就帮忙分析了一下需求。就是这热心肠的分析，让天天爸妈当即拍板："哪儿都不去了，就来这里！"我有幸在校园遇见了这一家三口，聊起那段"分析"，爸爸不禁竖起了大拇指："这里的老师真专业！"

我又来了

已有两个孩子在艾瑞德就读的昊昊（化名）爸妈，带着家里的老三来到了学校。一走进幼儿园，家长就直呼："我们又来了！"我们相视笑了起来。

之所以说"又来了"，是因为家里前几个孩子也曾在这里就读，算起来，也称得上是老朋友了。又来，是基于信任，也是一份情谊的延续。

60 秒在传播

一家三口第一次到学校来咨询，还没等接待的老师讲话，爸爸就"聊起了天"："在了解学校时，关注了你们学校的公众号，从校长 60 秒和家长 60 秒推出到现在，我每天都听。""李校长分享了校园里的事，学生的事，这校长真接地气。"还没等接话，家长就继续说道，"那个家长 60 秒啊，太

○ 花的念想：幼儿园里的小美好 ●

有用了。受董老师的影响，我们和孩子之间也发生了很多变化，这育儿经验分享太有用了。"

家长的那份喜悦宛若收获一枚至宝。60 秒，是春天里的记忆，温暖了校园里师生的早晨，点亮了艾瑞德人的 2020；却不曾想，在我们意想不到的地方，也温暖着更多的人。

每一种风格的艾瑞德都是真实的艾瑞德、多彩的艾瑞德。

新生家长课堂

每年新生开学前，艾瑞德校园内总会迎来一批特别的"学生"，他们是9月将要入学的新生的家长。三天里，所有的家长化身成为一名"学生"，开启了一场"学生未入学，家长先上课"的景象。开课、上课、听报告等，全方位感受艾瑞德教育，为孩子的入学打前站。那，就是艾瑞德新生家长课堂。

也是自2017年起，这样的新生家长课堂成了新生开学前家长的必修课。2020年8月14—16日，是第四届新生家长课堂。

学校报告厅里，题为"每一位家长都是重要的链接"的新生家长课堂如约拉开了序幕。三天的时间里，专家报告、新生报到、家长会、结业仪式等正在陆续地进行着。新生家长课堂是学校与家长达成教育共识的重要桥梁，也是形成重要链接不可或缺的媒介，其最终的目的是助力孩子童年时光里的自然生长。

第四届新生家长课堂的第二天，分别是幼儿园新生、一年级新生家长会。一大早的幼儿园和一年级教室，就准备好了一切，开门迎"宾客"。家长会是新生家长课堂必不可少的重要一环。因为，在这个家长会上，会和自己的孩子即将一起生活4年、6年的老师见面，也会进一步了解孩子即将到来的幼儿园生活、小学生活的情况。

○ 花的念想：幼儿园里的小美好 ●

幼儿园音体教室里，72名新生家长如约到来，有序就座。小（1）班陈晓燕老师、小（2）班张萌老师、小（3）班阎杏杏老师从分离焦虑、课程设置、一日生活、家园共育四个方面，为家长解读了即将到来的幼儿园生活会面临的问题及注意事项。有着5～7年带班经验的老师们结合自己过往带小班孩子时出现过的现象以及有可能会出现的情况与家长做了分享，也告知家长：不必紧张。在家长会的最后，我们还隆重地介绍了新小班组教师团队：

小（1）班：陈晓燕、杨高燕、陈丹凤、付丽萍

小（2）班：张　萌、崔正岩、朱梦杰、刘俊霞

小（3）班：阎杏杏、张秋英、郭雪娜、刘文凤

从家长热烈的掌声中感受得到，教师团队的亮相，亮在了他们的心坎上。家长会结束的合影留念，也是新生家长课堂必不可少的环节。在第一届家长课堂时，学校提出，每一年新生家长课堂，都会为家长们拍摄一张集体照，等到4年、6年后，孩子毕业时，会为大家再拍一张集体照，以表达和自己的孩子一起入学，也一起毕业。

伴随着照片的拍摄，也意味着家长正式成了一名艾瑞德家长，在未来的4年里、6年里，所有的家长将和孩子一起成长。这期间，家长需要每年通过入班上家长课堂、参加家长志愿者活动等，修满家长应该要修的学分。

新生家长课堂是家校携手的开始，未来时光，携手共写教育美好篇章！

家长参与讲故事

《园长讲故事》栏目已开播一年，每个周一的故事时间，早已成了孩子们的期待。有期待是一件值得开心的事，而被期待也是一件幸福的事。

面对周而复始的故事栏目，如何才能保存其永久的新鲜？是值得深思的话题。好在，有心的编辑老师们总能给出不同的建议和想法。偶尔在故事结尾加上一首歌曲，或在结尾处附上照片集，邀请孩子、老师参与故事录制，等等。别小看了这小小的创新，可谓是将故事栏目的期待值推至了新的期待点。

曾受邀一起讲故事的胡皓迪小朋友，在故事播放之时收获了一大批"粉丝"。更有许多孩子见到我就问："什么时候，我可以和你一起录故事啊？"借此机会，还好好引领了一把孩子们认真阅读。一起录制过故事的张炜炜老师也曾一度成了校园里的"网红"。本就把故事讲得动听的她，将优美的故事带给了更多的孩子。也是基于孩子参与讲故事、老师参与讲故事之后，我们开启了邀约家长讲故事的策划。

园所300余位孩子，邀约什么样的家长来完成这样一件事？我们曾多次思考。恰逢录制《线条的66种可能》故事（园所幼儿自创绘本），所以，家长的选择也锁定在了大班组。最终，目标定为韩资佑（小名壮壮）妈妈。

原因有二：其一，壮壮是中途插班进入艾瑞德的，从担心不适应到孩

○ 花的念想：幼儿园里的小美好 ●

子和谐融入，仅是一个转身的瞬间，令人匪夷所思；其二，在壮壮进入幼儿园之时，妈妈特地为园内赠送了一批绘本书，鼓励园内的孩子们多多读书。所以，也想代表孩子们表达感谢。

办公室里，妈妈以一名作者家长与读者的身份参与了故事的录制。录制现场，妈妈还表达了自己的感受：拿到这本书时，就被它深深震撼到了，孩子们的创作都好棒，每个人都不同。很幸运，自己的孩子也是其中之一。壮壮在家里经常会向姐姐和弟弟分享书中的内容，还像一个小老师一样考大家。而且，这也是一种非常好的记录孩子成长的方式。随着孩子渐渐长大，不同阶段再回头翻阅这本书，一定会有不同的感受。

妈妈还分享：在这里上幼儿园的每一个孩子都好幸福，经常会到消防站、地铁站、田园校区、图书馆去参观和学习。家里的老大常会羡慕壮壮；而还未入园的老三每次路过时，也总是嚷嚷着说这是自己的学校。说起线条的第 66 种可能，妈妈表示，若是自己创作，会勾勒出老三进入幼儿园后的样子。

让我们一起期待着幼儿园里的孩子们能一起创造出更多的可能。

我在乎你的在乎

第四届园长小助理的竞选落下帷幕，20 位新任园长小助理兴奋之余，也有了共同的期待：与园长阿姨一起午餐。办公室里、楼梯上、户外操场上、走廊上等，但凡遇到，总会被他们喋喋不休询问一番："什么时候才和园长阿姨吃午餐呢？""我都等了好久了！""今天和不和园长阿姨一起吃午餐啊？我都已经准备好了！"如此等等。

就在这一日日不厌其烦地询问和等待中，这一天终于来了。中午，第四届园长助理第一次午餐会在期待中成型。先让我们把时间轴拉回到早上。这天早上，苗晓洁老师收到了侯铄熙（天天）的请假信息。由于耳朵疼痛，天天已经请了一天假进行检查，检查结果为中耳炎。本以为能准时参加今天午餐会的天天，没想到在炎症的捣乱下整夜没有睡好觉，还发起了烧。妈妈在纠结为难之下，选择了给天天再请一天假。伴随着请假信息一起来的，还有另外一条："我刚刚说让他今天休息一天，他马上就哭了，说：'明天还可以和园长阿姨一起吃饭吗？'"看到这里，苗晓洁老师一瞬间感受到了天天的失落与沮丧，近一个月的期待要落空了。晓洁老师到校就向我强调了天天对于园长午餐会的在乎，并邀请我为天天录个小视频安慰一下。几经商量，我们决定在午餐会时现场连线。

中午，微信视频链接了天天妈妈。镜头里的天天略有羞涩与腼腆，面

○ 花的念想：幼儿园里的小美好 ●

对镜头也躲躲闪闪。现场，我邀请所有的园长小助理一起为天天送上祝福，天天很开心地点了点头。事后，天天妈妈在朋友圈发出了这样一段话：

经常有朋友质疑我，说我没必要给孩子上那么贵的幼儿园，一年9个月好几万块钱，还没有一个普通幼儿园学的知识多。但每次一件件小事都让我挺感动的。

比如今天：这两天侯天天外耳炎，有些许严重。晚上疼得睡不着，帮他请假。而今天是继竞选上园长小助理后第一次和园长阿姨的聚餐，能当园长小助理对孩子们来说神圣又新鲜，且对聚餐期待已久。今天早上一说要让他休息一天，侯天天对于第一次聚餐就不能参加这个事挺沮丧的。

没一会儿竟然收到班主任老师的微信，她和园长阿姨沟通了这个事情，想录个视频给天天安慰一下，结果园长阿姨说要直接视频鼓励和安慰天天，然后就是园长阿姨和一群孩子给了侯天天很多祝福。这孩子开心又害羞躲到门后，后来告诉我：人太多了我害羞，但是我有点开心。听到这些话有点感动！

说实话，这么大一所学校，这么多孩子，而园长和老师能去尽可能地关注到每一个孩子的情绪，让孩子有能力爱自己、有余力爱别人。这种能力也是冰冷知识所不具备的。这也是孩子每天去上学的时候心情美美的原因吧！一切都是成长，包括热泪盈眶。

最好的教育——不仅仅是你教会他多少知识，而是你教会他如何勇敢坚强地去爱这个世界、指引他找到自己人生的意义。

感谢园长阿姨、苗苗老师和君君老师，以及各位优秀的园长小助理们。

——记录侯天天的点点滴滴

因为苗晓洁老师的在乎，所以天天的在乎得到了慰藉。因为在乎你的在乎，所以童年的美好又多了些甜蜜。

在乎你的在乎，实现你的梦想，只因每一位孩子都是美丽的不同、珍贵的存在。

一本书让心靠得更近

幼儿园大班有一位来自哥伦比亚的混血儿童，名叫卡诺。由于国籍不同、语言不通、教育背景有差异等原因，自孩子入园起，妈妈就有各种担心和焦虑。

班里的苗晓洁老师曾多次和妈妈电话沟通、面对面座谈，可得到的解决也总是"三分钟热度"，过后，焦虑依然爬上心头。前不久，一次中层会议上，李校长为大家发了徐家胜博士亲笔签名并寄来的新书《走出教育的焦虑》。拿到此书的晓洁老师很快展开了阅读，书中的字字句句叩击心灵，也引起不少的共鸣。

合上此书，晓洁老师想到了卡诺妈妈的焦虑情绪，于是，把自己的书送给了她，并建议其阅读。随着新一周的到来，和卡诺一起走进幼儿园的，还有来自妈妈的一封书信：

尊敬的苗苗老师：

您好！

感谢您对教育事业的用心、对幼教工作的热忱以及对孩子们的耐心和真诚，也感谢您发现我家孩子问题后，对他友善、耐心的引导，更难得您对我含蓄的提醒，及时推荐《走出教育的焦虑》

这本书。周末，我一口气读完后，发现在教育孩子这一块，我自身真是存在很多的问题。

首先，我犯了一个根本性的错误，认为教育孩子是学校的事情，是老师们的事，只想着把他送到好学校，报不少的班，可是忽略了家庭教育，没有给他言传身教的影响。比如，我不让他看手机和电视，自己却控制不住在他面前看，后来反而变成他约束我："妈妈，看手机不好。""妈妈，我要当你班主任，不让你看手机！"还有做家务，我本身不爱做家务，要求他做时，他不听，我也就任他去。

其次，我没有系统性教育的意识，每个年龄段应该有不同的规则，我却认为：到了一定的年龄，该懂的自然就懂了，没有去刻意地引导，他有些毛病问题，我都是选择性忽略了。这一点，以后要多学习，跟着你们老师，还有孩子，共同成长。有一点，我觉得书中写得特别好，就是尊重事情本来的样子，一切顺其自然，万事万物都有其固有的样子。孩子们也是。他是他自己，我不能改变他，成为我主观期望成为的他，而是应该在尊重他的基础上，正确地引导他。

比如，他慢热，我却总希望他能一见人就放开自我，热情自我介绍，与人打成一片。期待落空后，就会对他产生失望，这种失望传递，就会带给他伤害。这真是不应该。而是应该尊重他的本性，让他成为他自己，但去掉成长过程中的坏毛病。

另外，在生命格局与气象中，首先在家庭氛围中要养成生命格局要大、气象要正的环境，注重他独立人格的培养"童蒙养正，少年养志"。

还有，以后多读《曾文正公家训》，向伟大的智者学习，向你们老师学习，向孩子本身向心性学习，学做一个真诚的父母、有智慧的父母，与孩子共同成长。

卡诺早上说："妈妈，你知道吗？太阳也是生活在土里的，它也是早上睡醒，太空是它的客厅，大地是它的卧室。"真美慕孩子们的想象力啊！

多年不曾写信，今天我被您用心为孩子着想的行为感动了。希望以后与您多沟通、交流，希望卡诺进步多多，希望你们班小朋友们都快乐向上！

卡诺妈妈

2020.11

一本书，让妈妈的焦虑情绪得到了缓解，让卡诺的童年也多了色彩。书是一方媒介，也是老师的一份用心。一本书，让母子的心走得更近，也让家园共育走得更紧！

家长如是说

在田园校区里遇到熟悉的人，是常有的事，有的是正在幼儿园读书的孩子和家长，还有的是从幼儿园毕业已入小学的孩子和家长，等等。漫步于田园间，也和大家有一搭没一搭地聊着。

一个正在幼儿园就读的孩子的家长和我聊到，刚刚过去的几天里，孩子在学校学习了关于垃圾分类的知识，回到家就有垃圾分类的意识，还提醒着爸妈，要把垃圾分类丢弃。这样的教育令父母赞叹艾瑞德不一般。

父母也开心地说道，除了垃圾分类之外，孩子在学校里学习的很多东西，令父母都感到意外，感觉跟着孩子的脚步，自己也重新学习了很多东西。

说了很多，也聊了很多。家长最开心的是，看到幼儿园里的孩子们有那么多次走出去的机会，刚开始很担心，但慢慢地，自己发现，在这样的外出中，孩子掌握了很多自我保护的小技巧。比如，外出和老师走散了怎么办？孩子告诉父母，如果看不到老师了，就站在原地不动，也可以请工作人员联系老师，并能背下老师的电话号码，或者在胳膊上贴有带老师电话号码的标签。

家长聊了很多开心的事，我也趁此机会问家长，如何看待我们这样的教育活动。她开心地答道：童年就应该这个样子！她还告诉我，向身边有

○ 花的念想：幼儿园里的小美好 ●

小孩的朋友推荐了艾瑞德!

快要离开田园校区时,我遇到了曾在幼儿园就读而现在就读于我们小学部的一位孩子的父母,仅有父母两人来到了田园校区,因为孩子正在随着国际班的老师们在外研学,晚上才能到家。

和这对父母也是老相识了,之前,孩子在幼儿园从小班一路走到大班,再至升入小学,我们曾有过几次深入的沟通和交流。聊起孩子上小学后的情况,父母都很满意和开心。现在,孩子会有不定期的外出研学,每一次出去,都是成长的历练,看着他和其他小朋友一起外出,照片里传来大家开心的样子,作为父母也很欣慰。父母感言,和艾瑞德结缘这么多年了,越来越觉得艾瑞德教育真的不错。前几天,在朋友圈里看到了我们带着田园教育成果到珠海参加教博会的照片,觉得自己都跟着自豪。现在啊,隔几天就想要到这块田园里来走走看看,感受一下大自然的神奇。

在聊天的最后,几位家长朋友也吐露自己的心声,田园校区似乎比着最初安静了不少,很是可惜,孩子们喜欢这里,家长们也喜欢这里,可以再丰富一些,大家应该会来得更频繁。

家长、学校本就一家,在一起前行的路上,我们不仅需要互助,也需要彼此点亮。你们的肯定,我们深表感谢,给出的建议,我们也将认真对待!

过往之路,因为有你们,我们有力量;未来之行,我们在一起,书写新篇章。

家长沙龙

自 2020 年 11 月起，每周五下午放学之前，幼儿园音体教室里总会是济济一堂、余音缭绕。不是老师们在开会，不是学生们在表演，而是一场专属于家长的学习课堂。学校将这样的一段时光称之为"家长沙龙"。而说起这个沙龙，还是有些故事的。

关于缘起

接孩子的等待，想必每个家长都曾有经历，炎炎夏日，凛冽冬日，不免令人心烦意乱。为了给在家长等待区提前抵达的家长们一个休息、等待的空间，学校进行了缜密的思考和研讨。但是很快，另外一些问题也随之而来。家长聚集起来做些什么？自主阅读？聊点儿家长喜欢的话题？聊聊教育？在一段时间的研讨后，在每周五下午放学前召开家长沙龙，成了共识。沙龙上聊聊家庭教育也成为核心主题。于是，幼儿园一楼的音体教室成了沙龙的聚集地，沙龙讲师团也在有着双重角色的教师团队中角逐而出。

有了家长沙龙的周五，让等待的时间开始变得有意思、有意义。一批又一批的家长朋友也在这样的氛围中共话家长的那些事，共话妈妈路上的育儿经。

关于家长观

在艾瑞德教育表达中，有重要的三观，即教师观、学生观、家长观。家长观的表达为"每一位家长都是重要的链接"。为什么提出家长观？还要把家长作为重要的链接？艾瑞德认为，家长是教育的"合伙人"，家长与学校之间应该有教育的共识。

孩子所需要的教育不仅仅是学校教育就够了，还需要有家庭的教育、家长的教育。在艾瑞德的教育中，我们尝试搭建不同的桥梁，让家长触摸、了解真实的艾瑞德教育，比如每周的生长报告、每个月的家长简报、每学期的主题课程案例集、定期不定期开放的家长进课堂、家长委员会、家长志愿者，等等。

家长沙龙的开启，是这所学校为家长们搭建的又一座桥梁。这也是我们对于家长观提出后的又一具体行动。家长观，是一句话语，是一句口号；但在艾瑞德，我们努力用实际行动来诠释和表达家长观的内涵。

关于成长

对于成年人而言，我们需要完成的事项是工作，我们坚持做的事情是工作。有人可曾想过，育儿对于我们而言是什么？我想，这也是一份工作。只不过，这份工作不同于手头上那些需要完成的任务，也没有考核标准。这是一份没有资格证要求、没有学历认证的工作，但不代表我们每个人在这个岗位上不需要成长和精进。

试想我们在日常工作中，学习、成长一定是必不可少的重要事项，如学习时代前沿的知识、了解行业内新标准的信息、实现自我突破，等等。作为家长这个岗位呢？也是需要充电的。

家长沙龙的召开，就是为了给家长们一个学习、充电的机会。登上分享台的每一位分享者不仅是老师，还是一个有着相同年龄段教育经历的家长。

在他们的分享中，有简单易操作、真实可借鉴的案例。每一位家长在育儿的这条路上都会遇见不同的问题和挑战，这就需要我们不断地打开视野，去了解、学习不同家庭里遇到的不同问题以及面对不同问题的解决方案。

家长沙龙致力于为每一位家长提供一方学习和成长的平台。家长成长一小步，孩子幸福一大步；家长的学习成长是孩子成长路上的福音。

链　接

在艾瑞德，每一位家长都是重要的链接，以友好处之。以上这句话是艾瑞德国际学校三观（教师观、学生观、家长观）中的家长观。说家长是重要的链接，源于教育不是学校单方面的，也不是家长单方面的，而应是家校彼此的。回首我们的过往，因为这份链接的存在，让校园也变得更多彩。

链接一：家长课堂

家长，有丰富的教育资源。

在艾瑞德，我们定期开展家长课堂。家长结合自己的职业特点、专业认知、人脉线索等，为孩子们带来别样的课堂，不仅丰富了孩子们的在园生活，也让家长体验了一把做老师的乐趣。

据杨志慧老师分享，班级有一位在地质博物馆工作的爸爸，得知孩子们对于恐龙感兴趣，便走进班里，为孩子们普及了有关恐龙的知识，还带领孩子们走进了恐龙博物馆，参观恐龙化石。

爸爸有幸走进了班里做起了老师，孩子们享受到了专业的解读。一位在机场上班的爸爸，在班里孩子对各种各样的交通工具痴迷时，带上了飞机模型，走进了教室；一位在大学当教师的妈妈来到幼儿园，挑战学前教育工作，并在不够完美的第一次之后再次精心准备；一位男孩子的妈妈，因为孩子不自信而走进了班级，挑战做一名老师，为孩子树立榜样，并鼓励孩子勇敢战胜自己；一位年迈的奶奶来到教室里，教孩子们唱河南豫剧……。

丰富的教育资源丰富着孩子们课堂，也丰富着孩子们的童年时光。

链接二：家长舞台

每一位家长都渴望聚光灯。

在艾瑞德，我们不仅为孩子的成长搭建平台，也为家长的绽放搭建舞台。每年 4 月的最后一周周五，是幼儿园固定的音乐节。我们创办音乐节的初衷，是为家长搭建一个舞台。所以，家长节目、家长才艺、家长服装走秀等，统统被搬上了舞台。走过多年，音乐节也成了家长最期待的节日。有家长在音乐节之后感言："穿婚纱已是十多年前，回忆满满，感动满满，因为有你们，生活的每一天都精彩绽放。"也有家长说："弥补了结婚时没穿婚纱的遗憾。"还有："美美哒音乐节，惊艳了，我的辣妈们！往后余生，全是蜜！""又一次做回公主，找到了初恋般的感觉。""照片里，是我吗？我有点儿不敢相信自己的眼睛！"每一句都道出了家长的欢喜。

链接三：同频共振

家校，在一个频道上。

在艾瑞德，我们用校风带动班风，用班风影响家风。干净、有序、读书，是艾瑞德简短而有力量的校风。这样的校风，不仅是每一位艾瑞德教师的坚守，更是成了每一个班级共同的"约定"。

在校园里，随处可见孩子们打扫卫生的身影及整齐而有序的队伍，更有形影不离的读书好习惯。随着孩子将校风带至家庭，每一位家长也加入了校风的践行队伍。

幼儿园漂流的小黄书包，漂的，是一本书与一本阅读记录册，搭建起的，却是家校的同频共振。渐渐地，家长开始加入了读书的行列，不仅读书，还自发坚持阅读打卡。读书的校风延续成了一个又一个家庭的家风。因为同频，所以同行；因为同频，所以共鸣。

链接，让家校成了教育共同体。

第五章

管理篇

白天的家

对于 3 ~ 6 岁的孩子而言，入园意味着要离开自己生活的"家"，去往一个陌生的叫"幼儿园"的地方。这样的转变不仅是空间上的转变，还需要有心理上的转变。作为幼儿园里的老师们，如何帮助孩子快速度过入园焦虑呢？我想，除了能给到的爱和关怀之外，还可以尝试打造园所环境、班级环境，将幼儿园打造成为孩子"白天的家"。

照片墙。想必每个家庭里都会有一面别具一格的照片墙，照片里是熟悉的家人以及熟悉的面孔。那么，将幼儿园打造成为孩子白天之家的第一步，就可以尝试做一面照片墙。这面照片墙上，要有班级每一个孩子的身影，而对于刚入园的孩子来说，照片最好为全家福。照片墙的出现，让孩子在心中默认这个环境是安全的。

近几年来，面对即将入园的宝贝们，老师们也总会在班级精心打造这样的一面墙，一家三口的全家福、一家五口的合影、宝贝周岁的留念照，等等。入园之初的孩子们虽脸上闪有泪光，却常常会手指有自己的照片和老师介绍一番。更有一些孩子，在午睡时要抱着自己的照片入眠，因为那样，就好似自己的妈妈就在身边。

作品墙。在每个家庭里，想必都会有专属于孩子的物件，一个枕头、带有自己名字的绘本书、一双自己喜爱的拖鞋，等等。在幼儿园里，班级是孩子们的公共环境，如何将公共环境创设成为每个孩子都有归属感的地方，是需要花些心思的。也有一个极其简单的办法：打造拥有所有孩子作品的一面墙。对于中班及以上年龄段的孩子们而言，在班级里看到自己的作品，是极其有必要的。作品不是一份创作，更是每一个孩子独特的表达。

在教室里看到带有自己名字的作品，也会让孩子有一种班级小主人之感。在走廊上路过，石头小朋友指着教师门框上的珠帘告诉我，那是他和他的好朋友一起串起来的门帘。朱梦彤小朋友跑进办公室，拉我一起走进她的教室，去看她画的国庆节的画。看着他们自信满满的样子，俨然一副小主人的架势。一幅带有自己名字的作品就可以给孩子一个小主人的存在价值，更有着家一般的温暖。

好朋友。家庭里的成员之所以亲近，是因为彼此熟悉、彼此安心。对于幼儿园而言，想要打造出家的感觉，让每个孩子拥有好朋友是一个不错的选择。通常，在开学第一天，可组织找朋友、马兰开花、互赠礼物等活动，让孩子在开学第一天便交到好朋友。朋友，是一份牵挂，是一个念想。当然，除了在自己班级内寻找好朋友之外，园内这几年来还持续进行了"哥哥姐姐守护你"的活动。中班、大班、大大班的哥哥姐姐们带着糖果、饼干走进小班的教室里，每个人认领一个小朋友，并守护他们，帮他们穿鞋子、带他们游走校园、带他们一起做游戏等。

因为有了这份呵护，让孩子们除了自己班的同学之外，还多了一个特殊的朋友。有了好朋友的幼儿园，也成了孩子们夜晚里的牵挂。

家是温暖的港湾，是有归属感的地方。有了家人照片、自己作品和好朋友的幼儿园，也自然而然成了孩子们"白天的家"。

美好的一天从这样的早晨开始

一直以来，特别喜欢幼儿园里的早晨，所以，上班之前在幼儿园里走一圈，也成了我工作中重要的组成部分。每天，漫步在幼儿园的各个楼层，各种美好的画面扑面而来。

一走进幼儿园的大厅，就看到了保育老师在忙碌的身影，擦擦窗台，浇浇花，从大厅到走廊，从走廊到小操场，再至各个楼每个班级里，这样的身影在穿梭着，也在忙碌着。常常会觉得，如果早上能看到保育老师们忙碌的身影，心里就会踏实很多。似乎，每次看到这些保育老师们在忙碌，仿佛回到家看到妈妈在忙碌的身影一般。幼儿园就如一个家，有了这群似"妈妈"般的保育老师们的守候，多了温暖，多了安心。

踏上楼梯，一路向上，却也在楼梯上感受着一份别样的美好。孩子们拿着老师画好的每日一画，准备下楼，或一个人，或和同伴一起。在楼梯上见到了，我们彼此打个招呼，问个好，也会停下脚步聊一聊今天画的又是什么。我开玩笑地问孩子们愿不愿意帮助老师送这块小黑板，一个个兴奋地欢呼，还告诉我，他觉得×××老师的画画得最漂亮。告别后，又会在楼梯的转角处听到他们和同伴一边走一边交流："要是每天都是咱俩给老师送小黑板就好了。""我每天早上都要早点儿来，这样，我就可以天天送了。"听着这样的话语，也感受着一份属于早晨的美好。

透过走廊的窗户，向教室里面望去，老师们或在准备播放音乐，或在准备着课堂的课件，都在为新一天的开启准备着。身后传来孩子们的喊叫声，回头，看到的是孩子们奔跑的样子，脸上带着笑容，手上拿着自己的书包，从走廊的一头，正在向着自己班级教室的地方"奔"过去。

顺着走廊走，身边走过一个又一个孩子。"园长阿姨，早上好！""早上好啊！"一句问候也开启着我们彼此崭新的一天。有了孩子的欢呼声、欢笑声、问好声，幼儿园也顿时"苏醒"了过来。一个夜晚的不见，似乎我们已许久不见了。一大早的遇见，也如一把带有快乐的钥匙，开启了我们美好的一天。

丹山路上的每日一画，在孩子们的来来往往中多了起来，形成了新一天的美好风景。幼儿园门口，校医的晨检车旁，晨检的孩子们排起了长长的队伍，新一天的有序从这里起航。

美好的清晨，开启美好的一天。美好的一天，从这样的清晨开始。

漂流的书包

  如果有人问起艾瑞德学校的校风是什么，我想，上至老师下至萌娃，一定会脱口而出地告诉你六个字——"干净、有序、读书"。

  这六个字的校风不仅是一句口号，更是校园里人人行为上的表达。没有垃圾桶的校园里，时时彰显着"干净"的力量，在每餐用餐前、课间操时间，学生都会列着整齐的队伍，"有序"地行进。说起读书的校风，更是随处可见，每个楼层平台上的读书区、藏书十万册的读书广场，等等，都是"读书"这一校风时刻彰显的地方。

  在幼儿园里，经常会看到身背小黄书包的孩童开心地走进幼儿园。这个小黄书包不仅仅是一个书包那么简单，随着这个书包一起漂流的，还有我们学校"干净 有序 读书"的校风！

干 净

  在选择小黄书包时，符君老师经过几轮的思考，最终选择了学校校徽上的黄色。黄色亦是阳光色，幼儿园的孩子又是初升的太阳，选择黄色，也是和儿童最接近的颜色。同时，黄色也是极其容易脏的颜色，为了保持这个漂流的小书包"干净"，班里的老师、孩子、保育员、家长几方共同约定：要爱惜小黄书包，时刻保持它的干净，若发现小黄书包脏了，轮到谁背的时候，就把它洗干净。当有了这一约定，小黄书包时时呈现着干净的状态，这是大家共同的遵守，亦是一份约定！

有 序

小黄书包不是人人都有，每个班级只有 5 个，而每个孩子每个星期会有一次机会背回家。如何排序？如何轮流？成了新的问题。

面对每个班级都是 24 名孩子的情况，老师和孩子进行了一次商讨，最终也把班里的孩子分为了 5 个小组，在这 5 个小组里面，又有了 1 ~ 5 的排序。所谓 1 ~ 5 的排序，就是代表在周一至周五相对应的一天里背小黄书包回家。当有了清晰的分组，又有了排序，孩子们也就清楚了自己和小黄书包的约定。有了清晰排序，小黄书包的漂流也在有序中进行着。

读 书

读书是艾瑞德国际学校的校风，亦是艾瑞德国际幼儿园的园风。对于孩子们而言，识字量匮乏，自主阅读能力弱，如何才能彰显读书的校风？作为老师，如何引领，才会让这一校风真正在孩子们的身上彰显？面对这一系列的问题，符君老师思考了很多方案，而在最终的抉择中，大家选择了"用老师的读书带动孩子读书，用读书的校风引领每一个家庭阅读的家风"。

当有了想法，小黄书包也成为了架起学校与家庭读书这一校风的桥梁。在孩子们背在身上的小黄书包里，会有一本和近期班级学习进度有关的绘本，还有一本记录读后感悟的读书卡。当轮到孩子把小黄书包背回家时，家长需要协助孩子一起完成这小小的阅读"任务"，并完成读书之后的感悟记录。

小黄书包不会天天有，但读书可以天天有。在小黄书包的引领之下，很多家长坚持带领孩子进行亲子阅读，也有很多的家长自发地开始阅读。读书是校风，而今，也成为了瑞德学子们的家风！

漂流的小黄书包赋予了背起它的孩子们一份"责任"，因为要时刻保持它的干净；同时，也赋予了孩子们一种自我管理的"能力"，让小黄书包在有序中流动。更为重要的是，这个小黄书包是架起"读书"这一校风和家风的重要桥梁。

漂流的书包，流动的校风，在你与我之间穿行。

会说话的墙壁

无言的墙壁传递着点滴温情。

"你看，我是瑞德宝宝，我的照片在这里呢！"一大早，乘坐校车上学的孩子们路过楼梯拐角处的时候停了下来，对着墙壁上的照片一番寻找和对话！是的，自从多了瑞德宝宝照片墙，孩子们走过路过时，总会不自觉地驻足观看一下。跟着孩子们的脚步，我开始了新一天的巡班之路，从二楼通往三楼的楼梯上，老师们用心地布置了大大班孩子们关于《我的家乡》学习的足迹。从此处路过的孩子们在每一个展示板块前驻足，寻找着自己的身影。"这是我们去黄帝故里的照片。""这是我们河南的方言：中、得劲。""这是我们去我们学校的农场学习测量大蒜的身高。"透过照片，孩子们用心地发现着，用心回忆着曾经在学习过程中经历的点点滴滴。真好！跟在孩子们的后面，不忍去打扰他们，自觉地随着他们的探讨浏览着墙壁上的照片。那一幕幕、那一景景，都在诉说着孩子们丰富多彩的学习经历和成长！

走过三楼，来到二楼，仿佛走进了"动物王国"。在中班的教室门上，有长颈鹿、熊，还有猴子、狮子的身影，不用说，我也猜得出来，他们最近的学习一定是和动物有关的吧！看到我从此处路过，孩子们还热情地介绍起了教室门上的动物："狮子是兽中之王。""这些都是陆地动物。"有几个孩子告诉我，他们最近要去地质博物馆看恐龙，班里有很多的小朋友都很喜欢恐龙呢！据班级里的老师介绍，孩子们最近正在探索恐龙的奥秘，也许不久的将来，班里就会出现恐龙的身影呢！好吧，我表示很期待呢！

一路巡班，一路向前，一楼走廊上"忽如一夜冬风来，百变形状聚过来"。一扇用废旧盒子搭起的门，带领着我们穿越向前，用废旧盒子制作的房子、家园、机器人、风车，等等，五花八门，姿态万千。看着这些有趣而又可爱的作品，可想而知孩子们在背后的付出。路过一楼走廊的孩子们，也纷纷驻足观看："这是我和妈妈做的。""这是我的。""我好喜欢这个。"一番热闹的对话让走廊也充满了欢声笑语。

因为墙壁上多了一些"影子"，孩子们路过时，也多了一些驻足。因为这样的墙壁，走过幼儿园的角角落落时，也总能知道幼儿园正在上演着什么样的精彩故事。

原本无声的墙壁因为多了一些孩子们的"影子"，迎来了和孩子们精彩纷呈的对话。你虽无声，表达却有声，因为有了这些会说话的墙壁，幼儿园里也多了许多欢乐的时刻！

小故事里的大课堂

　　每周五，按照惯例，要为孩子们录制下周一的故事；所以，通常会把自己封锁在办公室里半天。在故事的选取上也会颇费周折，之所以如此耗时，也是事出有因的。

　　就拿 2020 年 11 月 27 日那个周五来说吧，选材就同时面临了几个难题：一来，幼儿园刚刚启动了第六届教师五项技能大赛，从新一周开始，老师们即将要开始逐项比赛，录个为老师加油为素材的故事，可好？二来，11 月 24 日 4：30，我国成功发射嫦娥五号月球探测器。对于太空之路的探索，我们国家从未停止前进的脚步，而此次的重要任务是将月球上的土壤带回家。结合这个题材，为孩子们录制一个揭秘太空的故事，是否有必要？三来，新一周起，我们将迈入全新的 12 月，这也意味着距离 2020 年的结束仅剩下最后一个月。全新一年的到来似乎也值得期待，所以，为孩子们录制一个迎接新年的故事，似乎也还应景？

　　正是基于以上三个题材的纠结，所以，选择故事之路也比以往要多出了许多时间。思来想去，找来寻去，三个题材的故事也找了一个又一个。于是，新一轮的纠结强势来袭：《老师》？《爸爸带我看宇宙》？《嘟嘟的新年祝福》？到底该如何取舍才好呢？最终，我选择了《老师》。其原因嘛，很简单：教师五项技能大赛发生在孩子们的身边。其实，这几个素材甄选的故事都很好，只不过在最后抉择的那一刻，我把自己放在了一个听故事的孩童视角。

自"园长阿姨　温暖在线"上线以来，我们曾不止一次做过商讨。故事服务的对象？故事受益的核心群体？故事面对的第一主角？也在一次又一次的讨论中总结出：聚焦艾瑞德国际幼儿园里的每一位孩童！

当有了这一核心支撑，故事素材的选取之路常常链接日常。曾有结合不同年龄段孩子们的主题课程讲过故事《我不怕上幼儿园》《夏日的一天》《好朋友》《我爱五星红旗》等；也曾结合节日及园所活动为孩子们讲过故事《小艾的端午节》《十二生肖》等。每一个故事都贴近孩子的日常，也贴近幼儿园正在发生或进行的点点滴滴。也正是基于此，每个周一，幼儿园也成了我和孩子们共同探讨故事的乐园，更是让接下来的一周，都围绕故事行进日常。所以，我也期待着接下来的一周里，伴随着故事《老师》，让孩子们为参加赛事的老师们加油打气、助威助力！

看似一个小小的故事，实则也是一个大大的课堂。走进去，是故事，走出来，是与故事有链接的点滴日常。选取一个故事很简单，选取一个与孩子们息息相关的故事，却不简单。用一份用心点亮故事，也点亮孩童们最为平淡的日常。

故事，周一见！

写给毕业班孩子们的两段话

幼儿园大大班的孩子们就要毕业了，正在为孩子们准备毕业相册的老师，让我给孩子们写几句话放在相册里，一起封存这段童年里的记忆。从接到这个任务起，我就开始了思考该如何下笔才好。毕竟，这是孩子一生中面临的第一个毕业，尽管，"毕业"两个字，他们并不是很明白其中的含义。

脑海中的思绪常会被突如其来的纷乱事项打乱，所以在忙完了一天的工作后，特意在办公室里多待了一个小时，试图把脑袋中近几天的经历放空，再装载上孩子们的点点滴滴，以梳理出思绪。直到夜半躺在床上，思绪还一直停留在这样的装载里，却也在今天早上一醒来，有了点点思绪。

打草稿，改话语，再一字一句呈现在不算大的纸片里，一气呵成，也算解了心中的疑虑。两段不算长的话语写在这个特殊的毕业季，愿与相册一起封存。

01

亲爱的孩子：

几载共成长，今夕道别离，虽有千万般不舍，但遥望你一路驰骋奔向远方的脚步，也不得不停息在这个夏日里。

○ 花的念想：幼儿园里的小美好 ●

孩子，这是你第一次面临毕业，也知道你早已用多种途径拒绝和抗议这一刻的抵达，但终究它还是来了。

　　孩子啊，请别太伤心，也别太难过，因为从现在起，你要学会接受这样的别离。未来，你还会面临小学毕业、初中毕业、高中毕业、大学毕业，等等。

　　而每一次的毕业，也预示着会迎来新的开始，就如此刻的幼儿园毕业一样，你很快会迎来全新的小学生活。

　　所以，请勇敢说再见！

　　艾瑞德幼儿园和老师们将一直在这里，守望你！

艾瑞德国际幼儿园　王彦月

2020.7

02

亲爱的孩子：

　　恭喜你完成了人生中第一阶段的求学经历，此刻的毕业，也预示着我们就要别离。

　　别离，纵然伤感，但我们的回忆里早已装满美好的印记，一切足矣！

　　艾瑞德国际幼儿园与你共享童年的回忆，那是一份幸事，也是一份欢喜。唯愿你继续遨游天际，将每个阶段的美好故事都认真书写下去。

　　毕业，是一场别离，但也并非与你不再相遇，只要你愿意回头，幼儿园和老师们一直在这里！

　　毕业快乐！

艾瑞德国际幼儿园　王彦月

2020.7

写完这两段话语，又一次走到楼上，去看了即将毕业的他们。擦去昨日脸上泪水的他们，此刻又欢欣雀跃地畅享在一派欢乐里，与小伙伴欢呼、打闹、做游戏，俨然一副童年该有的模样。

毕业，是成长，是突破，也是一次跨越。愿孩子们步履不停，勇往直前！

8 封亲笔信

　　书信是一种用文字传递交流的方式。记得中师时，收信、回信、写信是作为学生时代的我们极其重要的一件事。那时候，网络还不是很发达，网络上的 UC 号也只能是周末到网吧里才能和一些朋友聊一聊。随着时间的推移、网络的兴起、通信的发达，书信慢慢地被人们疏远和遗忘。我已记不得上次写信是什么时候了。

　　一天，韩董馨副园长给我送来了 8 个信封，并给了我一张列有教师名单的纸条，要我给纸条上的人员每人写一段话，将在教研会议上使用。接到这个"任务"，我丝毫不敢怠慢，认真看了一下名单，脑海里就开始了寻找和每个人的链接。

　　一遍又一遍地看着名单上熟悉的名字：连茹、陈丽蓉、任艳茹、朱明慧、李芳、王雪、张炜炜、毋丽萍。这些名字的背后有一个共同的名词——新一代的年轻教师！她们大多入职艾瑞德半年至一年时间，是 90 后的新生力量。从最初加入艾瑞德这个大家庭，直到走至今天，每个人都和这片土地以及土地上的孩子和老师之间发生了不少的故事。回首那些点滴故事，也品味着故事中的各种美好。没写之前，觉得董馨给的粉色纸似乎有那么一些些大了，但当提笔写起来的时候，竟然发觉，这一张纸竟如此小，似乎还有好多话还没写，纸张就已经被写满了。

8个名字，8封信，8段不一样的故事，也让我回忆着8个人的成长之路。信，我认真地写着，和8个人之间的链接，我也尽力回忆着。其实，每个人都是一本需要细细品味和阅读的书，在这属于每个人的一本书里，也记录着不一样的精彩。艾瑞德人常说："每一位学生都是美丽的不同。"而在写这些信的过程中，我也想说："每一位老师也是美丽的不同。"写完信，并把这些信一一装好。虽然信写好了，但总觉得欠了一些什么，思索后，决定给每个人的信封里放上一颗糖。关于为什么是放糖，我是如此思考的：每一位老师在到了一个新的环境之后，都需要一段适应和磨合，也难免会有手足无措的时候，抑或是想要退缩的时候，也许会有偷偷抹眼泪的时候。无论怎样，从今天开始，从这封信开始，让那些都成为过去式，让一颗带有甜甜味道的糖伴随我们开启今后的美好工作和生活，也祝愿大家未来在艾瑞德的每一天都是甜甜蜜蜜的！

伴随着新教师队伍中资格最老的连茹老师带来的学习分享，会议拉开序幕，共同学习，一起进步，每个人的命题分享，等等。其乐融融的一次聚会，其乐融融的一次成长分享。会议的最后，当我们把每一封信亲手送至大家手上，并分享了那颗糖的用意之后，很多老师感动了。我想，这份感动不仅仅是信的力量，更多的应该是艾瑞德这个大家庭给予大家的幸福感。

每一位老师都是珍贵的存在，8封亲笔信是对你们每个人珍贵存在的一种表达形式。未来，我们会用更多的行动去支持你们的梦想在这片土地上开花，也会更加用心地呵护你们的成长！未来可期，让我们共携手走自然生长教育路。

用信件搭建沟通桥梁，用真诚对待每一位珍贵的老师！

实习生座谈会

实习生，多指还未正式毕业却到工作岗位学习跟岗的学生。

新学期的开学，幼儿园里迎来了7名实习生。在开学的两周里，每一位实习生潜心跟岗，虚心向老教师学习，快速融入了幼儿园团队。在工作计划里，我们特意安排了实习生座谈会。座谈会的目的很简单，一来了解实习生进入陌生环境后的适应情况，二来结合学校理念及教师成长五件套对其成长方向做些指引。

二楼办公室里，7名实习生与幼儿园老师欢聚一堂，座谈会拉开了帷幕。7名实习生来自4所不同的院校，是在疫情防控期间通过4次线上招聘，在近40余名报考者中脱颖而出的。以至于在这些孩子们的心中，也留下了"艾瑞德不好进"的传说。

座谈会从实习生的畅所欲言开始。"进入艾瑞德之后，你有什么困惑？""在这里，你面临什么样的困难（生活中的或工作中）？"结合以上及每个人想要畅聊的话题，大家开始你一言、我一语。

"刚来的时候，周围没有熟悉的人，很不适应，但这种感觉很快就没有了。一个宿舍里的老师，班级工作组的老师，都相处特别融洽，我太喜欢这里了。"实习生徐硕韩老师第一个发言，激情飞扬地说着自己的感受。

"我有个同学之前在这里实习过，虽然她已经离开这里了，但也是她推荐我过来的。没来之前，就听她说了这里的很多事，来了以后也深有体会。"实习生朱梦杰老师略有不好意思地说着。

"我和雪娜是同学，能和她一起进入艾瑞德，感觉很荣幸。在这里，每天都很充实，我们都很开心。"实习生吴蒙蒙老师略有羞涩地说着，离她不远处的郭雪娜老师面带笑容并使劲地点着头。

"我来这里以后，感觉太喜欢这里了。这里的老师好，孩子好，最重要的是，饭也很好吃。"孙景宇老师的话惹得大家哈哈大笑。

和孙景宇老师来自同一所学校的楚双银老师、陈丹凤老师高度赞同景宇的话语，纷纷表示："这里的老师都像一家人。""这里的老师很热心，教我写生长日记，还会在上课之后和我交流想法。"

原本帮助大家答疑解惑的环节却变成了大家集体的"表白"。虽然来到艾瑞德仅有两周的时间，但每个人的感受都颇具深度。当然，最能引起大家共鸣的，当数"这里的每个人都很随和"。随和，是指好相处，也是没有架子。这也是艾瑞德人共同构建的氛围与环境。

之后，为每一位实习的老师发放了学校的行事历册及李建华校长的书《教育的温度》，结合行事历上的内容，带领实习生重点学习了学校话语表达体系及"六脉神剑"。

最终，也把中心锁定在了教师成长五件套之上。教师成长五件套是艾瑞德教师独有的成长"秘方"。在艾瑞德校园之中，每一位老师都认真践行五件套的方针，记录教育故事，梳理自己成长方向。对几位实习老师分享了五件套的做法，也鼓励大家尽快加入五件套的实施队伍。

实习是正式工作的前奏，也是融入一个新环境的初始阶段，祝福每一位实习生，在艾瑞德幼儿园里能遇见更好的自己！

保育员座谈会

幼儿园的保育团队共有13人，她们分别是：毛爱香、吴艳芳、郭松利、郭松惠、韩建红、郭菊先、孙灵飞、刘俊霞、付丽萍、李新芳、刘文凤、代芃阁、师爱利。

保育团队是幼儿园里重要的存在。自建园以来，艾瑞德经历了从"三教联保"到"两教一保"的变革，也经历了保育团队的从无到有。因为变革，让幼儿园融入了保育力量；因为从无到有，保育队伍也壮大至了今天的13人团队。大家亲如姐妹一般，有事一起做，有难一起担。

保育员的座谈会，这也是第一次。纵然每周五都会有固定的保育员会议，但都是苗玲玲主任牵头组织，我极少参与，一来基于信任，二来基于放心。事实上，幼儿园里的保育工作也确实让人"省心"。

座谈会依旧从大家的畅聊开始，素日里爱嘻嘻哈哈的刘俊霞老师用她爽朗的笑声为大家开了个好头。说起与幼儿园的相遇，刘老师直呼："遇到艾瑞德，也让我遇到了更好的自己，现在，大家都说我更漂亮了，更有气质了，我听了也很开心。""在幼儿园里，和孩子们在一起，每天都会有开心的事发生，我也跟着开心。"刘老师的话音刚落，便受到了大家的集体表扬："刘老师是保育团队里的活宝。""刘老师很会扎头发。""刘老师是个开心果。"

一时间，我似乎明白了保育团队如此团结融洽的小秘密：看他人优点。

李新芳老师是幼儿园保育队伍的第一人，也是众多保育老师的伯乐。在交流中，常常会听到同样的话："感谢李新芳老师，是她把我带到了艾瑞德。"而这朴实的感谢里，还隐藏着许多小秘密。

付丽萍老师说："在李老师的带领下，保育团队非常融洽，常常会相互帮忙；有时候有班级外出，其他班的保育老师总会帮助打饭、送加餐，并准备好一切。"

孙灵飞老师说："中间因为生孩子的原因，曾离开过艾瑞德一段时间，但常常会听李老师说起学校里的事，学校来了新校长、每月会发一本书，等等。所以，当再次回到这个集体时，丝毫没有陌生感。"

更有不少保育老师流下了激动、感谢、不舍的泪水。

韩建红老师提到班里老师的理解与尊重，不禁潸然泪下，觉得保育老师还能被如此尊重，实属幸运。毛爱香老师还未开口，便眼眶泛红，那是一份深深的情感。代芃阁老师说起班里的孩子就要毕业了，眼泪便再也忍不住。更有大、小、老三位郭老师，分享着自己的成长与改变，也品味着一路走来的点点滴滴。刘文凤是个话不多、活却干得漂亮的生活老师，不善言语的她将行动都化在了平日的行动中。最后发言的吴艳芳老师是加入保育团队时间最短的，但与这个团队毫无违和感。

与保育老师们的座谈会，我妥妥地被大家给上了一课：众人划桨开大船。

副班座谈会

　　副班是班级里面的第二任老师。平日里，除了固定的全体员工会议之外，少有这批人的专属会议。她们在班里多数是低头做事、默默无闻付出，少有机会"崭露头角"。不是不重视，也不是不重要，更多的是"工作中的需要"。

　　副班也是一个人在专业领域内向下"扎根"的时期。每一个副班在未来都可能走上班主任、年级组长、主任、园长等岗位；而无论到达哪个岗位，副班时期的"扎根"都将助力新岗位的"花开"。

　　座谈会从大家的畅聊开始，立足副班的岗位之上，每个人都表达着自己的心声："在一个班级搭档就是缘分，彼此多一些理解，每个人都有自己的不易。"张秋英老师第一个打开了话匣子，饱含热泪的分享道出了7年副班之路的心得体会。"班主任在忙碌的时候，我们更多的是守候在班里，也是这样的守候，让我和孩子们在一起的时间多一些，从而在孩子们那里感受到的幸福感也很强烈。"毋丽萍是个话语不多的老师，但她丰富的内心世界里蕴藏着不少宝藏。"从班主任的身上学习到了很多，有时候不知道该怎么处理的事，到了班主任那里一下子解决了。"肖燕是个爱学习的老师，一年多来，她潜心工作，认真学习，尝试突破自己未知的领域，也感受着作为副班的幸福……

每个人的分享都很真实，每个人的心声也尽情表达："从不同的班主任身上学到了不同的处理问题方式。""能亚楠在小班时处理细节问题很值得我学习。""在一起搭班，彼此都很满足，和谐的关系、融洽的氛围让我很舒服。""无论是副班，还是班主任，都是班级里重要的存在。班级里老师们的关系融洽了，孩子们就会很融洽，从而家长们也就会很融洽。""晓洁是个年龄小、本事大的老师，在她的身上有太多值得学习的东西，和她搭班很幸运。""艳萍上课时的很多话语都值得学习，我也会常常在她上课时在一边认真聆听、认真学习。""虽然是副班，也要尝试去面对和家长的沟通，只有做了才会知道，其实并没有那么难。""虽然是副班，但学习成长的机会一点儿都不少，主持、分享等上台的机会比比皆是，我们要学会珍惜。""未进艾瑞德之前，就曾听过不少艾瑞德的故事，进来之后会发现，听到的和看到的还是有很多不同的，虽然是一个副班，但幸福感一点儿不少。"

听着大家的心声，感受着每个人的神采，原来，在大家的心里，副班是如此幸福的一件事啊！副班是离孩子最近的人，孩子的纯真世界里有着太多的喜悦和感动，而这些美好，副班总是知晓的"第一人"。也因为离得近，副班也是最能收获孩子"关心"的那个人，不经意间捧过来的水杯，疲惫时的一声问候或小手捶打的按摩，都让副班幸福感瞬间爆棚。

座谈会最后，也对副班提出了建议：以一个班主任的心态去工作，时刻准备着迎接新的挑战。感恩遮风挡雨的班主任，她的存在让副班心安。在副班岗位时，努力做好"黄金"副班。努力迎接每一个到来的机会，也用力接住每一个来到身边的任务。副班，Fighting！

三　美

看到此题目，想必不少人会想要探个究竟：艾瑞德的三美是谁？

而我想要分享的，不是"三美"之人，而是"三美"样态，即仪容美、心灵美、传播美。

先来说仪容美吧。

在我们的生活中，有不少长相美的人士存在，但也有句话说："没有丑女人，只有懒女人。"由此可见，只要用心收拾，每个人都可以是"美"的。试想一下，当我们和陌生人相见，第一个引起他人注意的，会是什么？一定不会是"侃侃而谈"，因为，还没有开口的机会；也一定不会是"才华横着溢"，因为，还没机会展示；我想，也不可能是"胸有诗书万卷"，因为，看不透。那么，会是什么呢？只能是仪容仪态。所以，随时随地、每时每刻保持一幅美丽的仪容很有必要。

再来说心灵美。

心灵是一块圣地，心的好与坏会通过一点一滴的行动传递至每一个人的身边。心存美好，就无烦恼之事；心存善良，则无可恨之人。一天席间，和陈琳老师一起聊天，她说近距离地接触，让她发现了刘浩然老师身上太多美好的品质："她会把每个人的需要都接住""她会支撑和承担起每一份责任""她会接住每个人的忧伤"，等等。陈琳老师对刘浩然的夸赞都是发自内心的声音。看着身边的陈琳老师，我的脑海中也浮现出了很多美好的画面：她守在餐车旁，她为年级过生日的老师制造小惊喜，她"卸下利己的皮囊，穿上利他的铠甲"等。每一份行动何尝不是自内心深处而来呢。我想，我们无法改变自己的容貌，但美好的心灵必定会为容貌增添一份怡人的色彩。

最后，是传播美。

如果说，仪容美是一个人的外在展现，心灵美是一个人的做事风格，那么，传播美应该是一个人语言的表达。生而为人，每个人都不可能是十全十美的，但我们可以选择和主宰自己的言行。传播美是一种美德。选择了传播他人之"美"，就是在传播一份共存的美好。每一份传播也有着无形的力量，将我们彼此都助推向美好的彼岸。说起传播美这件事，实则，也是在传播一分力量。

仪容美、心灵美、传播美，如此"三美"，是我们每个人成长过程中必不可少的修炼。生命各有不同，让我们尽情展示自美其美，也愿我们在如此"三美"中能够走向美美与共！

基于"做"的写和讲

微信好友里一位不太熟悉的朋友发来了一则信息:"你们学校精进打卡是哪个部门在抓啊?"

看到这个信息时,一时间竟想不起来这位朋友的模样,点开她的名片才看到,是中层领导力峰会时互相加的微信好友。因为听到我在台上的分享,也是基于过往朋友的介绍,所以,特地过来和我打个招呼,并随即相互加了微信。而在峰会之后,彼此少有交流与互动。我告知她,没有人也没有部门在抓这个事,是老师们自发自愿地在写。她非常诧异。我能理解她的诧异,毕竟,不只她如此认为。随即,有一搭没一搭地聊了起来。说起去年那场峰会,她再一次发出疑问:"你们老师都是怎么训练的啊?站上去的人个个都讲得好!"

我也再一次回复:没有人训练。她不相信,说老师们看上去都很年轻,如果没有训练过,是不可能讲得那么好的。我没有再争辩下去,只是淡淡地回复:"老师们之所以讲得好,是因为做得好!"她也没有再质疑,而是问我,是否方便到她们的学校去做些"写和讲"的分享。我没有拒绝也没有答应。没有拒绝,是因为我愿意把自己的成长心得与更多人共享;没有答应,是因为我知道,单纯的"训练"和"抓"并不能把"写和讲"长久地坚持下去。

其实，如这位朋友般对艾瑞德人"写和讲"的质疑，还有不少人。我想说，质疑，是因为大家不曾走进这份"写和讲"的背后。

仔细留意，不难发现，老师们笔下文字的流露无外乎是和孩子们之间发生的故事。作为一名老师，每天与孩子们朝夕相处，点点滴滴的瞬间都是故事发生的时刻，写下来，只不过是想要分享给更多人罢了。至于为什么艾瑞德人可以长久坚持写，其实原因也很简单，因为在艾瑞德校园里，是有一批人在写，"写"的路上有了伴，自然也就不孤单。

说到"讲"，也有不少人曾说"艾瑞德人真能讲"。殊不知，这份能讲的背后，是因为"做了"。李娜主任讲田园校区种小麦的故事，讲得眉飞色舞，自己都开心不已。可有谁曾知道，她带着孩子们与家长一起在早上5点起床到田园校区收小麦的辛苦？陈琳主任讲泔水桶的故事滔滔不绝，尽管泔水桶不堪入目，但她依然讲出了生动的故事。生动不是靠演绎出来的，而是站在泔水桶旁守出来的。一日三餐，坚守在泔水桶旁，看到孩子盘中剩下的半块鸡蛋，她毫不犹豫拿起就放嘴里，看到孩子挑食剩下的冬瓜，她捏起就放嘴里。这份"做得到"，又有几人能如此？

赵宗新主任讲汉堡日的故事、素食日的故事、五彩馒头的故事，讲得让人垂涎三尺。而这份垂涎的背后，是宗新主任带领餐厅师傅一次又一次研发、一次又一次尝试、一次又一次改变的磨炼。这份磨炼里的每一个场景，他都亲自参与、亲自尝试，若不是亲身体验的"做"，又哪会有精彩的"讲"呢？

写也好，讲也罢，都是老师们基于"做"的梳理和总结。没有真实故事的发生，不会有写出来的文字，也不会有讲出来的故事。所以，在看得见的"写和讲"背后，有着许多看不到的"做"。

同 在

坚持每日一画，表达一种声音：我与你们"同在"！

校园里的丹山路上，每天早上都会有幼儿园老师们的小黑板画，孩子们、家长们每每路过之时，总会驻足，停留一番。丹山路还是以往的丹山路，而发生在这条路上的故事却多了许多。我是一个毫无画画功底的人，在上学期间，也曾因为需要画画而略有恐惧。

自从幼儿园老师开始了每日一画，我也在小黑板之前涂涂抹抹，重拾画画。每天，我会驻足丹山路，看一看老师们画的画，也品一品艺术之美。在这学期开学不久，我看着老师们每天丰富多彩的画，心中开始起了抵触，便以刚开学工作繁忙为借口，断掉了那每一日的一画。

出差俄罗斯的几天里，每天的节奏慢了许多，我也就在酒店里拿起一张纸开始再次启动每日一画。也曾有一日，韩董馨副园长在评论区开玩笑："还能再'简笔'一点儿不？"我知道，她在表达我的画画功底实在太一般，但是我并没有因此而有不悦，或许是因为我们平日里就是如此"不正经"地在一起调侃，习惯了吧！一番玩笑，也让我开始思考，我坚持每日一画的意义何在？当然，我也可以用工作繁忙为借口来拒绝画画这件事。但，我为什么要坚持呢？

我想到了一个词：同在。作为一名园长，我可以画画不好，也可以停止画画。但，唯一可以让我一直坚持下去的，就是同在。每日一画，仅是我们日常工作中的一小部分，在繁忙的日常里，老师们要做的工作有很多：带好娃，上好课，教好研，还要读书、思考，等等。算起来，她们一点儿不比园长的工作轻松，甚至还会超越园长的忙碌。尽管如此，老师们还是能将每日一画坚持进行，那我为什么不可以呢？所以，我试着调整自己的心态，不再在乎画画本身的好与差，也不再纠结于孩子们的评论，开始尝试同在的乐趣。和老师一起画画，一起亮相在丹山路上，也一起表达着我们共同的坚持。

同在，亦是同行。在艾瑞德的校园里，我们都是一路同行之人，同行在"走自然生长教育之路，办有温度有故事学校"的核心理念之下，同行在趋同的价值观之下。

思维碰撞

　　学期接近尾声，各项工作也都在总结、结束中铺展开来。面对来来往往出入办公室的老师，可谓是各司其职、各做其事。每一个人走进办公室，都将会将自己的想法、见解和盘托出，面对不同的命题，我们碰撞、梳理、整合。一次又一次碰撞、一次又一次梳理，八面开花的工作事项也从最初的一个又一个小点，编织成了一个又一个落地的项目，着实令人开心。

　　负责每日一画的高岩老师拟在学期结束之时将那些图片汇集整理成一本精美的画册，并邀请我写序言。在几次沟通之后，我将此"球"踢回给了她。一来这项工作一直由她负责，二来想给予老师们一些写作展示的平台。从得到此任务起，她寻找可借用的素材，回忆小黑板前发生的一幕幕故事，整理出了近2000字的序言。第一次碰撞时，我们将思维的统一作为了核心要素，所以，有了共识的调整之路，自然有了共鸣。删减、调整、再碰撞，三番五次，不厌其烦。大约一周之后，高岩老师拿着更改了几个版本的序言出现在了我的办公室，并告诉我，在一次次地更改和碰撞中，自己有了新的思路。我赞同她的观点，并为其高兴。

　　在主题课程开展的最后，大班组的孩子们以"线条的无限可能"创作了风格迥异的作品。老师们将其整理，制作了绘本《线条的66种可能》。年级组长苗晓洁老师走进办公室与我分享这个消息，并邀请我为其写序。

我接受了这个"任务"，并拉着晓洁做了探讨和思考。

如何在绘本中融入一些元素，让更多的人明白线条的起源？于是，融入一些老师在带孩子们开展活动时写下的文字成了我们第一次碰撞的结果。设计、排版、审稿、打磨，当拿到打印稿的那一刻，我们再一次碰撞。这一次，我们深入这本由孩子们创作的绘本中，品味和品读每一个创作及故事，却又发现，融入老师文字的排版似乎有些格格不入。于是，再一次开启思维的碰撞与调整。终于，有了更好的解决办法：在孩子们的故事开始之前加一个解读版本的序言。碰撞过程中，有推翻，是再正常不过的了，好在，结果是完美的。

早晨听完《樊登读书》的符君老师听到了一个有意思的点，上班路上，她想到了可以和《园长讲故事》栏目做些融合。于是，来不及吃早饭，她就跑到了办公室来分享。任何一件事，在刚开始做的时候都会面临各种尝试，但在做了一段时间之后，必须有一些精品沉淀。就拿《园长讲故事》栏目来说，如何让其和孩子们更具有互动感？如何让其更具有仪式感？该有一些什么样的标准项目来支撑？我们是时候要做些思考了。她分享了《樊登读书》里听到的观点，我分享了近一年来录制故事的心得，思考、碰撞，再一次在办公室里叮叮当当地出现。打造更高品质的录制现场，制作园长讲故事栏目的独有标签，是我们碰撞的结果，更是行动上的催化剂。

碰撞，是将你我的思维编织，是为了达成共识！在编织中绘就新篇，在共识中迎接美好的明天！

克服困难最好的办法就是经历它

和几位老师约了谈话。其中，和两位老师的谈话中都谈到了相同的话题，那就是关于艾瑞德国际幼儿园《艾果亲亲电台》一路走来面临的困难与挑战，在现如今回头望时，是一种什么样的心情？这个话题隐藏在我的心中许久，之所以放在现在来问，也是觉得时机最佳、时间刚好。很开心，和两位老师的聊天中，大家都以收获满满、成长了自己来诠释这一路走来的荆棘与心酸。或许，这种滋味只有她们才品味得最真切吧！

艾果亲亲电台由做年级组长的杨志慧老师发起，整个年级组的老师们一起负责运行。这也意味着，在忙完了分内的日常工作外，要额外多付出一部分时间来写文章、编辑、发布公众号，等等。这一系列的工作，老师们都要从零学起、做起。

还记得运营初期，有老师因为不会编辑而在学校加班至深夜近 11 点，也有老师因为超出日常工作时间太长而疲惫不堪。终于有一日，大家被累到发飙、忙到崩溃，于是，一群人来了一场累和痛的"抗议"。那次抗议，我不是上诉的对象，但对于事情的经过深刻于心。也曾想过试图劝劝杨志慧老师不要如此执着，但总归是没说出口。要说这没说出口，也是有原因的。

我自己也运行一个公众号，每天坚持日精进打卡，再自己整理、编辑、上传，耗时耗力是每日里常有的事，也曾不止一次苦恼，想要放弃；但一段时间的坚持之后，原本看似负担的运营工作早已驾轻就熟，也就没什么压力了。还有一个发生在我身上的事，让我慢下了劝说杨志慧老师的脚步。

学校内外，常会有分享，做PPT也就成了家常便饭的事。对于PPT制作小白的我来说，这无疑是个不小的挑战。每次做PPT之前，我都会先拿个本子一页页梳理出想要呈现的内容，再开始绘制PPT的版图，最后才是打开电脑做。从惧怕做PPT到驾轻就熟的过程，我用了近两年的时间。两年里，我认真观察周围人的PPT风格，也潜心研究PPT技巧，从而在做PTT的这件事上才会有了不惧怕。所以，在面临老师们运营《艾果亲亲电台》公众号的艰辛时，我选择了让大家先累一会儿。因为我坚信，冲破迷雾的最好的办法是勇敢前进，克服困难最好的办法是去经历它。

经历了，就会从陌生到熟悉；经历了，就会让困难变手足。艾果亲亲电台的运行者们在经历了最初的抗拒、崩溃、累，也终于在今天品尝到了甘甜。两位老师微笑地说这一路运营电台的心路历程，也表达着这一路上遇到的美丽风景，最终汇成一个心声：这一路的经历真好！

越界让校园无边界

2020 年 11 月，重庆创新教育年会上，赵宗新主任代表艾瑞德国际学校后勤部做"后勤管理经验"的分享。这是一场牵动全校师生的演讲。赵宗新主任是继李建华校长登上教育年会舞台后的又一位艾瑞德人，是老师们学习和努力的榜样，尽管他自己并不如此认为。25 分钟的分享交流，一天内聆听了不下三次。除却那些早已熟悉的校园点滴之外，还认真聆听了主持人在分享后的采访及追问。其中，主持人提到的"越界"一词以及独到的解读令人深思。这句"越界"是一份褒奖。

他的意思是讲，通常而言，后勤管理者都是在后方做事；而在艾瑞德，后勤不仅做好了事，还把手伸向了儿童素养，这本该是德育的事，却在一个后勤管理者的身上窥见了力量。当然，还把手伸向了教学中心，在餐厅里为孩子们开启了课堂，为孩子们的校园生活打开了一扇别样之窗。就此还未罢休，又把手伸向了老师，建起了母婴室，做起了生日面；最后，还把手伸向了家长，将家长面临的育儿难题化解，做起了五彩馒头、煮起了爱心茶。这些本不该是后勤部门管的事却攒在了一位后勤主任的身上，所以，也才有了主持人给予的"越界"之夸奖。

越界，原意是指超越边界，多用来提醒或约束人们做事不要过激；而宗新主任的"越界"却迎来了连声叫好。究其原因，也很简单，因为后勤的"越界"让校园里没有了死角。正所谓：后勤不后，冲在了最前线。

将目光从年会现场拉回校园，如宗新主任这般的"越界"，似乎还有其他人在。负责生活部的柳亚青主任联合生活老师们一起，在宿舍楼打造起了不同的主题墙。一楼大厅里的"望星空"，楼梯拐角处的照片墙，等等，不仅吸引孩子们的眼球，还让生活区多了许多温暖的元素。不仅如此，还带孩子们玩起了"心肺复苏""玩转就餐服""意外伤害急救包扎"等趣味游戏，让这些看似该在安全课堂上出现的游戏出现在了宿舍楼里。如此的"越界"让校园也变得更加和谐。

按照惯例，每年，小学一年级的老师们也会迎来"越界"。这份越界是指小学一年级的老师们会担负起带领当年幼儿园大大班的孩子们提前接触、感受小学生活的重担，从而建立起孩子们对于小学生活的向往和渴望。几年来，丁怡老师的美术课、吕静老师的音乐课、帖凯老师的机器人课、宋梦婷老师的科学课，等等，为孩子们带来课堂欢乐的同时，也让幼儿园的孩子对小学生活多了一份渴望之情。所以，在艾瑞德幼儿园升入小学的孩子们，少了入学焦虑，多了几分内心的笃定。老师们的"越界"让幼升小的孩子们没了恐惧感。

校园之内，管理有分责，是为了保障校园一切正常运转；而一份管理的"越界"让校园之内多了融通，多了交融。管理"越界"，让校园无边界！

○ 花的念想：幼儿园里的小美好 ●

园长私房菜

随"人间最美四月天"一同到来的，是"人间有味是清欢"，美景与美味终是最好的搭配。艾瑞德国际幼儿园自 2018 年 4 月起，特推出"园长私房菜"系列，旨在帮你照顾好味蕾，打理好人生。

"园长私房菜"是依据季节、精选食材、精心烹饪的秘制菜肴，据已品尝过的老师们不夸张的反馈，味道是极好的。"园长私房菜"不定期为艾瑞德国际幼儿园的老师和孩子们奉上，我要用实际行动告诉你们，"烹小鲜"中有人情冷暖，有处世哲学，有教育精髓……

先来感受一下我们常规的"园长私房菜"吧。

锦鲤绕玉盘（泡菜炒五花肉）

白菜是一种"人情味"很浓的食材。20 世纪七八十年代居住在北方的人们对白菜都有着特殊的感情，北方的冬天漫长而寒冷，不少家庭都会提前囤很多白菜，其中有一些是腌制好储存起来供冬天下饭。当白菜遇上浓郁的辣酱、雨露、虾皮等腌制成泡菜，腌制食材是否正宗，用量是否恰当，都会影响到泡菜的口感。这是一种"筛选"的功夫，是一种"拿捏"的本领。很多时候，我们都会面临"筛选"和"拿捏"，为的就是对那个的最后

"嗯，就是这个感觉"的追求。

青青子衿（青椒炒牛柳）

牛柳是牛里脊部位的肉，是全牛中最嫩的部位，肉纹幼而滑。将牛柳炒得嫩滑香软是需要窍门的：一是切牛肉的时候，要注意看上面的纹路，横着让刀垂直牛肉的纹路切，即横切；二是炒肉时热锅凉油，急火快炒，这样才能保持肉的水分，肉才会滑嫩。任何一种食材用不同的烹饪方式，做出来的口感是不一样的，需要厨师对食材特性有深入了解，还要有娴熟的烹饪技巧。想想看，教育不是一样的吗？老师要懂得每个孩子生命生长的规律，遵循其生长路径施以教育。想吃好吃的牛柳，就要懂牛肉的特点；想做好的教育，就要懂孩子的特点。

"园长私房菜"在照顾好老师和孩子们味蕾的同时传递一种脉脉温情，尝试用"灶台哲学"教会如何打理好自己的人生。舌尖上的一点儿不同，让"吃饭"显得不那么"匆匆"。这世间，唯有爱与美食不可辜负，"园长私房菜"有爱有温度，你体会到了吗？

"做菜"与"教学"的关系

　　读钱志龙博士的《校长日记》一书，如与友人唠嗑，通俗易懂的话语，暖人肺腑的故事，常常会有一种"我在故事中"的错觉。

　　读到了一篇名为"烧一桌好课"的故事，讲述的是钱志龙博士在美国当校长期间，"拍卖"价格不菲的一桌创意中国菜的制作过程。一桌创意中国菜，他在厨房里钻研了好几个星期，最终拟定出了一份含4道凉菜、4道热菜以及汤和甜点的私房菜单。颇为神奇的是，单单看菜单，丝毫看不出任何有关食材的线索。当然，除却这份"看不透"的菜单之外，钱博士还有详尽的原料单。在书上读到这篇文章时，不免惊讶万分，因为，惯有的博士不会做饭的思想早已先入为主，抵达脑海，并占领上峰。在看完那份菜单后，我也渐渐回过了神，原来钱博士会做饭是真的。

　　关于钱博士会做饭这件事，书中是这么记载的："很多人认为，我会做菜是继承了上海好男人的血统。我自己也曾经以为是海外留学时，在吃不起西餐、中餐馆很难吃的窘境下逼出来的手艺。直到最近我才发现，归根结底，是因为做菜和教学非常相似相通，所以对我来说，这两样都做好似乎并不是太难。"

　　乍一看，有种"自卖自夸"的感觉，但向下品读，不免惊讶万分，因为钱志龙博士做了长长的"做菜"与"教学"对比图。食客的要求对应学生的需要，买菜对应教学内容的准备，营养的比例对应知识点的铺陈，餐具和盛放器皿对应教具和PPT，色、香、味对应生动的教具教材、有悬念和诱惑的课题导入、学生的感受，食材的搭配对应跨学科课程设计，烹饪手段对应教学方法，火候对应教学强度和时机，烹饪时间对应学习的进度和周期……

看完这满满的对应图，不免觉得"大厨"亦"大师"也。老子的《道德经》有言："治大国，若烹小鲜。"意为治理大国就好像烹调小鱼，油盐酱醋料要恰到好处，不能过头，也不能缺位。其实，教育不也是如此嘛！

好的教育，要恰到好处，不能"过火"，就如菜的味道要适中，不能"多盐"。搭配食材就如教师了解每一个孩童，如何搭配才更美味，又不失其味，需要潜心研究钻研。或许是自己在空闲时间也爱摆弄做饭、做菜的缘由，对于钱志龙博士的对比及见解颇有几分感触。

近几天里，利用田园校区里榨取的菜籽油为老师们做了些辣椒油当佐料。别小看了这不起眼的辣椒油，在做之前，除却要认真准备所需的辣椒粉、白芝麻、盐、花生、油等材料外，还要关注做的顺序。先做什么不会浪费时间？油要烧到几成热才不会把辣椒炸煳？

如此这般，不正如老师上课之前要做好备课、材料准备、问题梳理嘛！做菜与教学，看似无联系，实则相似相通也。

每月一场电影

每月一场电影，早已成为艾瑞德人的"标配"，与每月一本书、每月一场分享、每月一次名师讲堂有机地结合起来，铸就了艾瑞德人的"铁布衫"。

此次的观影，锁定了《金刚川》。这是一部以中国人民志愿军抗美援朝出国作战为题材的电影，恰逢抗美援朝 70 周年，将一段鲜为人知的历史还原，让保家卫国的英雄成为时代记忆中不被磨灭的楷模；同时，以电影之名致敬历史与英烈！

影片选用了不同的三个视角来阐述那段历史。不厌其烦修桥的志愿军，面对多次被炸毁的桥面，选择了一次又一次齐心抢修；敌方飞行员利用自己独特的优势，一次又一次轰炸摧毁我方桥面，用一切力量阻止志愿军过桥；高炮班战士用简陋的高射炮与敌方飞机对战，并用暴露自己所在地的方式吸引敌方注意，以守护桥面。

每一个场面都尽力将那段历史还原，也讲述着志愿军战士们英勇战斗、不怕牺牲的精神。一次又一次的轰炸，一次又一次的复原，一座桥连接起来的，又何止从此岸到彼岸？那是一种不畏艰险、勇往直前的英雄精神。影片的最后，惊人的"人桥"闪现，用肩膀扛起的、用手臂连接起的，又何止一座桥那么简单！

不得不说，电影中的美军视角也是通过另一个侧面来表现我们的志愿军战士，他们是一群被对手尊敬的人，是有着不屈不挠、坚毅果敢精神的战士，他们用自己的生命组成了一道道坚不可摧的防线。那一条没有退路的桥也是一场没有退路的战争，更是一种不留退路的精神。没有退路，不是真的无路可退，而是站在战场上的那一刻，没有人害怕。不害怕死，不害怕向前冲，不害怕轰炸。

哪有什么岁月静好，是因为有一代人负重前行，用肩膀扛起了一个正在上升的中国。就像吴京在演员特辑中说的，英雄们用血肉之躯为我们争取了70年的和平发展。那些最可爱的人值得我们永远铭记。让我们透过电影，致敬那个时代，致敬中国军人！没有退路的金刚川，唯有一路向前！

在每月一场电影中，心灵洗涤着，人生奋进着！

特殊的抽奖箱

在幼儿园一楼办公室里，有一个透明的抽奖箱。隔着透明的玻璃，可以看到里面红色的球。

近几天里，一些老师将自己的手伸进了这个透明的箱子里，伴随着略有紧张的气氛和心情，一个个红色的球被打开。"操场运动两圈""打扫园长办公室三天""免单一次""乐享 5 元""打扫一楼办公室"等奖项被一一揭开。抽到"操场运动两圈"的萌老师很自觉地转身走向了操场，开启了奖项的兑现。抽到"打扫园长办公室三天"的阳老师在下班后来到二楼，开启了忙碌的打扫。当然，抽到"免单一次"的老师们会像中了 500 万一般兴高采烈一番，抽到"乐享 5 元"的老师也会自觉地打开手机去扫一扫支付 5 块钱，用来给大家买糖吃。无论抽到的奖项是什么，大家总能够心平气和地接受，也心甘情愿地去兑现。只因为，这是我们"共同的约定"。

要说这抽奖箱的来历，就要从开学前说起了。除了学校里有正常的考勤打卡、考核制度来约束和管理老师之外，我们也想用一种轻松而又特殊的方式，督促老师们严于律己。

这份严于律己，不是不能有一点儿差错，而是面对自己的小差错，要承担相对应的"后果"。比如，上下班时忘记打卡了，就借助抽奖的方式提醒和勉励自己等。最初的设想里，关于抽到什么内容，令我们纠结许久。

偶尔忘记，谁都会有，若真的次次以罚款为目的，未免会令人心生厌恶。所以，也在老师中做了些许调查。

运动、打扫是大家一致认同的抽奖选项，免单的快乐自然也不能少，再加上少许的金钱乐捐，就构成了抽奖箱的神秘。苗玲玲主任汇总了整个月大家忘记打卡或其他无伤大雅的小情况，抽奖箱也第一次登了场。一时间，抽奖箱旁，欢笑声、呐喊声、欢呼声此起彼伏，大家不亦乐乎。

抽奖，是一种方式；抽奖箱，是一种媒介。其承载着的，是大家不为错误找借口、不为过失找理由。谁都会有忘记的时候，谁也都会有出错的时候。忘了，就是忘了；错了，就是错了。面对自己犯下的错误，勇于承担该有的责任，才是直面改正的唯一途径。阳老师已开始了办公室的打扫，萌老师也完成了操场的跑步，免单的快乐也提醒着自己时刻谨记，如此等等。

抽奖箱，抽的是奖，抽的也不是奖，那是一份自我约束，也是一份成长和担当。

随风起一支"精细舞"

　　2021年1月9日上午,在学校报告厅里隆重举行了教学风向标发布会。发布会上,10个年度风向标一一亮相,为新一年的工作开了篇、布了局。随之,校园之内,起风了、风来了、随风舞的话语飞扬,多彩多姿。站在风口浪尖上,幼儿园的2021年该随风起一支什么舞?成了我们思考的命题。

　　回望这几年的发展,在全园上下的齐心协力之下,我们共同构建出了年度固定大型活动。4月的音乐节,6月的国际周,暑假来临前的泼水节,11月的童话故事节等。这些日子的固定,让一年的忙碌有时有节,心中自有算盘。

　　在近6年的耕耘中,从主题课程的一路探索,到今日的驾轻就熟,孩子们的活动半径也从校园之内的40亩地,辐射至了田园校区的300亩,辐射至了郑州的大街小巷,还辐射到了省内省外。视野不断拉大,让孩子的认知半径也在不断被拉长。

　　家政课程、绘本漂流的兴起,让学校教育与家庭教育有机融合,并形成了彼此的合力。同时,教师专业发展的路径也在多方媒介上稳步向前,越走越宽。每月一次的名师大讲堂、每月一本共读书、每月一场电影、每年一度的教师五项技能大赛、日日精进的每日一画,等等。

更有 2020 年初的疫情居家，大家群策群力，精心打磨，总结提炼出了艾瑞德教育集团幼教事业部标准化办园手册。手册内，融合了市场运营、员工管理、新生入园、家园共育、课程指南、保育守则等六大板块的内容，总结了艾瑞德幼儿园过往的发展，清晰了行进路径，更有利于未来的深耕细作。

　　只要愿意，总有一款适合你！面对这发展的"饱和"，我们决定，随风起一支精细舞。精细，是精密细致。我们期待着，在 2021 年的这场风里，将我们已有的项目做得更加精细。精细，是一种态度。细节之处的惊喜能够让人人欢喜。常规精细、活动精细、教学精细、管理精细，从而，让每一位孩子的成长更加精细。

在精进中放过自己

　　我又一次走进了精进打卡的"迷茫区"。这种感觉，在坚持打卡的这么多天里，不是第一次出现；但在这一次出现时，我的心态有了极其明显的改变。

　　所谓打卡的"迷茫区"，意指在一段时间内，对于打卡这件事有着极度的困惑，而在这种困惑之下写出来的文字，常常是写完之后，自己都记不得写了什么，更不愿回头去读一下。

　　最初有这种感觉的时候，曾试想着放弃，但每次也总会忍不住会在说着要放弃的话语里，坚持着继续。记得第一次有这种感觉的时候，大概持续了有一周左右的时间，待一周的时间过去后，整个人的心态又回归如初，所以，那一周里的"迷茫"仿佛被一阵风吹散，并远去了。后来的第二次，也是在一边思考着放弃中，继续了坚持；再后来的第三次、第四次，已经记不得经历了多少次这样的"迷茫"时刻；庆幸的是，直到今天，"迷茫区"虽然还会来临，我却再也没有了想要放弃的念头。

　　就拿最近这几天来说吧，我又一次走进了"迷茫区"，每天不知道该写点什么好，也不清晰自己想要表达的思路，更不明白为什么要坚持这样一直写下去。当然，在每次的打卡之后，连自己都没有勇气去回头读一遍。值得庆幸的是，在这一次的"迷茫区"到来之时，我放过了我自己。

那，在持续坚持精进打卡的路上，我放过了自己的什么呢？或者说，我又是如何放过自己的呢？我想，排在第一位的应该是心态。

　　写文章这个事，对初中毕业后直接进入中师学校学幼师的我而言，是一件极其痛苦的事。痛苦的原因，一是因为错过了高中的知识高度积累阶段；二是进入中师后，学习的方向在向技能上倾斜，读书甚少。所以，直到现在，写作这个事，对我而言，都不是一件值得开心的事。走至今天，我的内心已不再抗拒精进打卡了。这个过程中，是我的心态开始从"写得不好"转向了"写是一种表达"，从"无论他人读与否"转向了"写给自己"，从"力争做好旗帜"转向了"做好自己足矣"。这些转变，让我更加坚定了精进打卡的步伐，也让我在与自己的较量中战胜了自己。

　　除了心态的改变之外，随之而带来的，还有自我的救赎。一开始精进打卡时，每天无论夜里几点钟都要坚持完成打卡，现在则可以容忍自己在忙碌时有过后"补卡"现象。这是一种很好的"自我救赎"。对于自己，不再"严苛"至"不容商量"，是挑战，是改变，是"放过"。自我救赎的方式有很多种，很庆幸，在精进打卡中，我完成了我的"救赎"。

　　放过自己，才能突破自己，才能走向更好的自己。我在精进打卡中放过了自己。

与每日一画走过的日常

2021年1月18日距离2018年12月26日，756天。700多天的时间里，足以养成一个习惯，也足以改变诸多日常。如若此刻回首，大家是否会感谢一份坚持？一份共鸣？一份成长？

我和艾瑞德国际幼儿园里的每一位老师，因为对《每日一画》的坚持，也让这700多天有了一段可追忆的曼妙时光。756天里，我们走过了一段坚持的路、一段"晒画"的路、一段美好的路。

如今，终于迎来了《每日一画》荣登丹山路"画展"的第365天，我们亲切地称之为"一岁生日"。早在两周前，负责每日一画的高岩老师就开始了这场特殊生日宴的筹划。订蛋糕、准备惊喜礼物，并发出邀请，诚邀大家用心装扮并点缀今天的《每日一画》，以此来庆祝这别样的生日宴。

这场生日宴是属于《每日一画》的，当然，更是属于每一个坚持创作的老师的，最为重要的，它还属于幼儿园300多个孩子的。老师是《每日一画》的创作者，每一个有简笔画"展览"的日常，都是因为有老师在背后挥笔绘就。因为有了丹山路上的"画展"，幼儿园孩子们早上的入学路才多了一份牵挂，更有了一份念想。

如果说，756天之前发起《每日一画》的初衷，是为了夯实幼儿园老师们的基本功；那么，756天之后的此刻，我们囊获了诸多超越绘画本身的故事与成长。清晨，一块块小黑板在孩子们的合作共抬中前往丹山路。在不少时日里，因为想要帮老师送一次小黑板画，孩子们要早早起床抵达学校。起床气？不愿上学？想妈妈？想爸爸？这些问题在艾瑞德幼儿园统统不见了。来得略晚的孩子也因为在抵达教室之前可以先寻找一番自己老师的画，而幸福满满。在不少时日里，丹山路上常会有驻足观望的身影，更有诸多孩子干脆蹲下身子，久久凝望。只因为，那幅画是自己熟悉的老师绘就的。

校园里小学的哥哥姐姐们常会在排列整齐的"画展"前比对一番，并评出属于自己心目中最佳的画作。跟着小黑板一起比画一番也是常有的事，游泳姿势、一副表情、运动员的参赛动作等。小黑板也丰富了小学生们的课外生活。

学校里的大家长李建华校长因为关心、关注丹山路上的"画展"，便有意更改了自己每天早上往返餐厅与办公室的路线，只为在开启一日工作之前，借由一路画打开每天都一样、每天都不一样的日常。更改的是路线，牵挂的是老师们的坚持与成长。

园内的保育老师们也在小黑板之外的画纸上开启了《每日一画》之旅。虽然还未抵达365，却也没有掉队，和老师们一起奔走在日日坚持一画的道路上。席卷他人是魅力，被人席卷是《每日一画》里不掉队的成长。

岁月匆匆，唯有坚持走过一段别样的路，才会在某一刻回望时，内心更加踏实。今天的我们，亦是如此。

教师成长的五件套

艾瑞德国际学校的教师成长五件套是：研、读、写、讲、种。

读

艾瑞德的两个关键时间节点都与读有关。第一个是在 2011 年，艾瑞德国际学校创建时，提出了这样一句话："让读书形成校风。"第二个是我们走到 2017 年，在对艾瑞德国际学校的核心理念即校风再次提炼的时候，我们进行了这样的表述："干净、有序、读书。"由此可以看出，在艾瑞德，读书是重要的存在。

当然，在学校发展中，我们的读书也是经历了三部曲。最初是自主阅读，老师们自发地写读书笔记；到了 2017 年，我们开始尝试着每月共读一本书，学校统一采购，发完书之后，大家共同去阅读，阅读后，我们每个人都站到台上去进行读书分享，这是我们的第二个阶段；今天，我们已经走到了第三个阶段，大家开始在微信朋友圈阅读打卡，从而产生了一个新的高潮，就是全员阅读，就连学校的保安师傅都深深被感染，开始了阅读打卡。

在这样的读书过程中，也呈现了校园的另外一种生态。孩子们受老师的影响，把阅读当成了习惯，或者是在等家长的时间，或者在教室里面空闲的时间，或者在乘坐校车回家的时间，等等，经常可见他们拿着一本书在翻开阅读。读书，成了我们艾瑞德人一个重要的标识。

通过读书，我们一起读出了校园的生机勃勃，也读出了老师人生的海阔天空。

写

艾瑞德国际学校每个月都会请一名专家进校园。2018 年 5 月，我们请到了李冲锋博士，在那次的名师大讲堂中，他发起了一个行动。就是他的这次号召，在艾瑞德，忽如一夜春风来，教师的公众号争相开。

走到今天，我们可以看到，艾瑞德人在不同的岗位都在用笔书写着自己的故事、校园的故事以及孩子们之间的故事等。从李建华校长到管理干部，从读书广场的馆长到校助，再到行政职员，等等，范围极广，可以说延伸到了每一个人的心里，也体现在每一个人的行动上。

写作这件事，据不完全统计，在最初的一年半时间，我们呈现出来了这样的一组数据：在艾瑞德 100 多名教职员工中，共开设教师公众号 147 个，写出了 11829 篇文章，共计 1200 余万字。

关于写的故事还有很多很多。就我自己来说，初始的写作可以说是非常痛苦的一件事，以至于到现在我都不敢回头去看我第一个月写的那些文章，甚至都不愿回忆那一个月我是怎么走过来的。每天晚上写文章写到凌晨，实在太痛苦了。但是走到今天，我开始享受这个事情，享受写作带来的乐趣，享受写作带给我的改变。所以，我想说：写，不再是会写人的专利，而是每个想写人的权利。

讲

说到讲，不得不说我们的分享四重奏台。每个月的读书分享，针对同一本书，抽取不同的人员到现场来进行读书分享。与此同时我们也会像春晚摇号一样，在现场抽取幸运者，幸运者现场进行分享。可想而知，每个人在准备读书心得时都是极其用心的。

每月的故事分享，我们会讲述"我和艾瑞德的故事""我和教育之间的故事"。我们还会有外出学习回来后的分享，走出去看世界，回来以后，我们把学来的好经验做一个交流，分享给其他同事。行政会前有 8 分钟的 TED 分享以及每周例会之前的分享。这样的分享带来了什么？讲一个关于我们幼儿园老师的故事吧。这个老师名叫陈月培，她曾经说对上台分享这件事情恐惧到就像患了帕金森综合征，手不停地发抖，腿也在发抖。但是通过读书分享，通过故事分享，她一次又一次站上这个舞台，今天的她不再害怕舞台，也不再害怕来做分享。当然这只是一个很小的个案而已，在这样的分享当中，让彼此的心更加走近了。从我的分享中，你获取能量；从你的分享，我也接收力量。走到今天，我们会认为：讲，不仅仅是战胜自己，也让我们彼此更近。

种

在学校建设初期，董事会斥巨资打造了一个 300 亩的田园校区。艾瑞德人常说："农场即课堂，种地即作业。"在那块田地上，我们发生过非常多有意思的故事，我们的孩子和这块土地也产生了非常多的链接。秋天，老师带孩子到田野里去种油菜。我们的孩子哪里知道油菜是什么，我们老师也不知道油菜该怎么种，怎么办？学吧！

于是，向会的人学习，向身边人学习，向长者学习。学习完了之后，老师带着孩子们到田园里去播种。到了来年的春天，油菜苗长出来了，老师又带着孩子们到田园里测量油菜长得有多高，观察油菜有什么样的变化，给它浇水、施肥、除草。

到了夏天，油菜丰收了，我们的孩子高兴极了，把油菜割下来以后，孩子们就在上面又蹦又跳，把油菜籽踩出来。到最后，你们知道吗？他们亲自带着这些油菜籽到了榨油基地，榨出了菜籽油。每个孩子手上拿着大瓶油菜籽榨出来的菜籽油，另外再把菜籽装入小瓶子封存。他们要留一点种子，待到明年继续播种。这样的学习，又有哪个孩子会不喜欢呢？

研

研究什么？我们研究儿童，研究课堂，研究教学。我们常说，研究就像一把钥匙，带着我们去打开儿童的密码，带着我们去打开课堂教学的一些密码，一个又一个密码被打开，我们的课堂变得更加幸福。我们一直崇尚一句话：研究是教师的第一专业。五件套，为我们带来了什么？现在答案出来了，带来的是，我们一年之内发表文章40篇，一年之内立项课题14个；带来的是，成果集册出了50余本，教师成长的土书30余本，我们的精进打卡1500万字。

若你想问，教师成长五件套向前行进的过程当中有什么操作方案吗？我想说：没有。那到底是什么支撑着我们，或者说我们有没有制胜的法宝？确实有两个非常重要的法宝：第一个就是坚持，我们坚信：坚持很贵，贵在坚持。坚持的同时，我们还有另外一个法宝——一群人。每一件事情都不是一个人在做，而是我们艾瑞德国际学校的一群人在做，一群人达成了共识，才能够让我们走得更远。那么，教师成长五件套是否已经可以满足我们老师的所有发展了呢？在我看来，成长这件事情是永无止境的。

五件套之后，我们学校开启了教工俱乐部，是一个健身房，在里面可以锻炼身体，已经有老师开始运动打卡了。那么，我也在思考，运动会不会成为我们老师成长当中的又一件套？会有可能的，或许在不久的将来，我们的老师还会迎来成长当中的第六件套、第七件套、第八件套，等等。

　　不管几件套，更重要的是，我们在这个成长的过程中，已经收获了教师发展的路径，收获了团队能力的底色，收获了同事之间的一份深情，收获了学校历程的故事以及同频共振的默契。

用我的"懒"托起你的成长

作为管理者，应该要学会偷懒，学会在"懒"中看见他人的成长！

幼儿园几位年级组长在我的办公室召开五项技能大赛启动会议。从头至尾，我只是一个听众，没有发言，没有表态。或许，大家会觉得诧异，这么重大的事情，我竟然一言不发。但我想说，这已经不是第一次了。

五位年级组长激烈地讨论着要进行的项目，每一项技能赛出的时间等等，回忆着过往几年的经历，也寻找着想要突破的点。坐在一边旁听的我默默为自己近两年来在管理中的"懒"点赞。确实是，作为一名管理者，我有一些"懒"，但我的"懒"其实是有我的用心在里面的。今天，就和大家聊一聊我的管理"懒"。

用我的"懒"，给你一方展示自我的平台

在每个人成长的过程中，其实都需要站够一些台阶，踏平一些坎坷。自两年前开始，我尝试着把一些工作的决定权交给老师们去做，"幼儿园月度活动实行年级组长负责制""把小版块的工作交给某个老师去做"，等等，我则时刻守候在老师们的左右，强制不伸手。慢慢地，我发现，老师们从最开始的"找不到方法""毫无头绪""这个应该怎么办"，走到今天变成了"我来做，没问题""王园长，我有一个新的想法想要在幼儿园实施"。面对

这样的改变，我打心底里开心。

用我的"懒"，成就你的梦想

每个人都拥有自己的梦想，每个人也都会盼望自己的梦想成真！面对团队里思维活跃、富有想象力的老师们，我尝试着变得"懒"一点儿，再"懒"一点儿。渐渐地，引领孩子们爱上阅读的小黄书包出现了，并从一个班到一个年级，走至今天，演变成为了幼儿园的全员参与；渐渐地，各个班级创意无限的活动出现了，老师们的想法多了，幼儿园的孩子们也更加幸福了；渐渐地，废旧物品的回收被提上了日程，从发起到全园参与，全部由一个人的力量促成；渐渐地，周六的美好创意欢聚时光被写进了幼儿园的日程，活动无极限，创意无极限，灵感来源于一位老师的夜半失眠……如此种种，当一个又一个想法在这个平台上开花，当一个又一个小小梦想在这里绽放，让我再次思考我的"懒"。

用我的"懒"，铸就你成长应有的模样

成长的样子是奋斗的样子，是愿望得以实现的样子，是在一次又一次历练中突破自我的样子。从第一次面对众人讲话时的紧张，到站在台前侃侃而谈，这是你成长中应有的模样；从第一次组织活动的紧张，到接到新任务时的坦然，是你成长中应有的模样。近两年来，看着大家在成长中一点儿又一点儿地突破，也让我再次为自己的"懒"而想要鼓掌！

或许，我的"懒"不是管理者应有的模样；或许，我的"懒"会让大家觉得压力和责任倍增；但我想，无论怎样，让你在我的"懒"中成长，是我的愿望！

数说 2020 年的春天

2020 年的春天值得铭记。数字是印记的呈现，也是过往脚步的追溯，回眸中，一串数字浮现在眼前。

12

这个数字是老师们用行动刻写下的，代表着走过的春天里，老师们共商讨进行了 12 个主题的活动。在那个春天，幼儿园全体老师分为了"高段""低段"两个组，同时，也分出了"律动""录视频""剪视频"小组，每个小组都各司其职，又互相帮助。

在大家的共同努力下，"疫"自然、"疫"知识、"疫"时光、"疫"防护、生机勃勃的植物、苏醒啦小动物、我们的变化、气象里看春天、"食"味道、"食"种类、"食"创作、"食"探索、"食"表达、春天里的预防、春天里的美好、"家"发现、"家"表达、"家"畅想、"家"探索等 12 个主题一一登场，记录了这个春天里"云"上的时光往事。

266

这是这个春天里幼儿园全体人员录视频的数字。从停课不停学开始，

244

○ 花的念想：幼儿园里的小美好 ●

从国家到省里,关于幼儿园的通知,都是不建议开展网上教学。事实也证明,无论是哪个途径,都没有幼儿园孩子可借鉴的资源。为了丰富孩子在家的生活,也为了一解家长们的苦恼,幼儿园的老师们开始了录制视频的工作。律动、绘本故事、防疫小知识、居家可以玩的游戏、不同节日里的习俗、亲子互动小游戏,等等,种类丰富,品种多样。

其中,音乐律动录制了 64 个、故事游戏类 173 个、家长参与录制了 12 个、保育老师录制了 8 个、园长讲故事 9 次。

80

这是春天里拨打园长 8:30 电话的数字。

那个春天,我们和孩子之间阻隔了相见,但不曾被阻隔的,是彼此的思念。电话是连接思念的桥梁,也是互相问候的那根线。在电话中,我们向家长传达孩子成长过程中感恩的故事,家长也向幼儿园传递来感谢。不少家长说,老师们录制的视频帮助他们在这个超长假期里更好地陪伴孩子,也帮助孩子养成了好的作息习惯,还缓解了孩子的相思之情。也有家长说,艾瑞德的老师不一样,这份不一样里,是老师笔下写出自己孩子的故事,令父母都感动不已。这份不一样里,还有孩子们说不完的亲身经历,去了红枣庄园、奶牛场、植物园等地方,还有在那里发生的美好故事。

当然,这个春天 80 通的电话里,有很多是在孩子生日当天打去的。伴着对孩子的表扬,伴着对孩子生日的祝福,让那个春天很温暖。

554

这是老师们写出的文章数。

笔尖流淌的故事总能把我们带向不同的班级,再抵达不同孩子的身边。

假期里，幼儿园老师的公众号层出不穷，有的以班级为单位，也有的以个人为单位。目前为止，幼儿园里 12 个班级，每个班级都有属于自己的文字平台，或简书，或公众号。

文字是一种表达的媒介，也是记录的载体。没曾想到，这个假期里，幼儿园全体人员竟写出了 554 篇文字。其中，小班组写出了 108 篇，中班组 73 篇，大班组 27 篇，果果组 94 篇，大大班组 75 篇，学校公众号推送 105 篇，行政人员 141 篇。

2891

59 天里，49 人共创作出了 2891 幅简笔画。

简笔画，是幼儿园老师们坚持的每日一画。这个春天，校园里的丹山路上没有了一块块的小黑板，也没有了老师们拿着粉笔忙碌的身影；但，每日一画并没有停止。居家的老师们用纸和笔记录下了别样的春天。值得一提的是，在那个春天里，幼儿园的 12 名保育老师全部加入了每日一画行列。要知道，这对于她们而言是一项不小的挑战，也是一个巨大的突破。所以，才有了 49 人团队的完美展现。

数字是一串串故事，是一个个回忆，是一个又一个脚步，是这个春天里我们走过的印记！

月光集

《月光集》是 3 本打卡记录册。记录了我自 2018 年 5 月 11 日至 2019 年 11 月 4 日间 542 天里写下的日常。542 篇，542 段，542 个日夜。那是一段蜕变之旅，也是一段点亮之路。

伴随着踏进办公室的脚步，一个硕大的包装礼盒出现在了眼前。星空图画的图案，有一种神秘的高级感，包装盒的外面，还系上了玫红色的蝴蝶结，与星空画的包装盒很好地融为了一体。

打开盒子的一刹那，三本厚厚的册子与一张写满字迹的卡片让惊喜和美好直达心房。

卡片上，是苗玲玲、符君、韩董馨三人的祝贺语。

苗玲玲：梅花香自苦寒来，宝剑锋从磨砺出，祝贺《月光集》问世瑞德。三年时间，生长出"小美好"的点滴，记录了幼儿园的"时光"。见证了《月光集》的问世，心中敬佩，温暖前行！

符君：在幼儿园里，美好的事情时刻在发生，《月光集》见证了每一个小的细节，有我们大家动人的瞬间。感谢《月光集》，让我们彼此牵挂又彼此需要，让我们每天透过您的心灵享受着这世上最简单的美好与幸福。就是一束光，照亮了我们前行的路。

韩董馨：亲爱的领导，擅自做主将打卡集取名《月光集》，不知喜欢否？

原因有三：一是无数个夜晚的月光见证了这些文字的诞生；二是每篇打卡都如皎皎月光，映出幼儿园纯净的"小美好"；三是这为"彦月"的打卡集。前段虽忙，此事却未曾忘，借此大大班毕业之际，送上此三册，让我们共同珍惜过往，面向远方！

三段不算长的文字里，饱含祝福与深情，让原本因别离而难过的心情舒展不少。翻开厚厚的《月光集》，一字一句，如时光机一般带我迅速回首过往。

"早上6：00，睁开眼，爬下床，冲至阳台上，打开窗户查看是否下雨，幼儿园今天有全员出动活动，担心天气影响出行……"这是月光集的第1篇，也是日精进打卡的第0001天，如流水账一般的记录，那是最开始的模样。"荣誉、奖牌，或许会给我们的生活带来更多的掌声和喝彩声，但面对家国情怀，似乎需要更多默默无闻的付出者。在吉吉的身上，在李建华校长的身上，似乎都有一种"此生不为奖牌来"的情怀。至此，也谨以此话作为我人生未来的航标，踏实做事、不求名利！"这是记录在月光集第84篇中的几句话，其标题为《此生不为奖牌来》。那是第一篇有题目的打卡，是新的突破、改变和调整。

"今天，是个好日子！今天，也是个值得开心的日子！今天，艾瑞德有好事发生！今天，王倩和王惠影老师到艾瑞德澜庭叙幼儿园报到啦！……她们俩不是总园走出去的第一批队伍，我相信也不会是最后一批，幼教的使命在等待着更多的人去挑起，更多的幼童也需要更多的呵护，加油吧！"这是记录在月光集第430篇中的文字。那天的一大早，我送王倩和惠影两位老师到艾瑞德新筹建的澜庭叙幼儿园任职。那是一所全新的幼儿园，也是一段全新的征程。如今再回首，满满的画面涌上心头。

翻阅着这几本集册，点点滴滴的回忆，如月光一般洒进心田照亮过往。不禁感慨，《月光集》这名字真好！

第六章

思考篇

每一条线都是美丽的不同

在《线与线寻》这一主题课程学习的最后，大班组孩子们每人创作了一幅线条画。

用心的老师们将这些画收集、整理，并汇集成了一本有意思的书《线条的 66 种可能》。在课程的结课仪式上，这本汇聚了孩子们创意的书迎来了发布。翻阅着新书，心中满是感动与惊喜。

几天前，接到来自孩子们的邀请，让我为这本书写个序言。一晚上的思考之后，《每一条线都是美丽的不同》浮现在了脑海，并在极短的时间内成文。这个序言让我想到了瑞吉欧教育体系的创立者马拉古奇笔下的《儿童的一百种语言》。马拉古奇认为："孩子是由一百组成的，孩子有一百种语言、一百双手，一百个念头，一百种思考方式、游戏方式及说话方式；还有一百种聆听的方式，惊讶和爱的方式；一百种欢乐，去歌唱去理解；一百个世界去探索去发现；一百个世界，去发明；一百个世界，去梦想。"他坚信：儿童富于潜在的和强大的能力，同时，他们对一切都满怀好奇。因此，应当鼓励儿童去发展他们自己关于世界的理论并透过探索去了解这个世界是如何运作的。

在这本《线条的 66 种可能》里，每个孩子基于自己的理解创作了不同的线条作品，有的画踢足球的样子，有的画一座房子，还有的画一朵花、一个人、一条弯曲的线，等等。这些创作是源于对主题课程《线与线寻》的深度学习和延续。这本画册也印证了艾瑞德教育表达里的学生观：每一位学生都是美丽的不同。

我还了解到一件有意思的事情：这本书中共收纳了65个孩子的线条画，可这本书的名字是《线条的66种可能》。那是因为，这群可爱的人想要将第66种可能留给收到书的你。

66条线，66种可能，66种表达，没有好与差，没有美与丑，有的是美丽的不同。跟着画册走进每一条线，品味每一个创作，品读每一种可能，品酌每一条线背后美丽的不同。

在《线条的66种可能》一书发布会上，祝贺小作者们，也为他们感到开心和兴奋，并告诉他们，这本书将会在学校的读书广场上架留存，供全校的孩子们借阅，也将会在来年的小黄书包漂流中，漂至每一个小朋友的家里。一条线，本没有什么，但有了小小的创意，就显得与众不同。在这本书里，我们深深地被孩子们的创作所吸引，被每一幅画所感动。

每一个生命都是美丽的不同，每一根线条亦是如此！

安全感

幼儿园里新来的孩子陈郑岚小朋友，每天上学都要抱着一条围巾，在校园里的一天也不离手。通过和妈妈了解才得知，围巾是岚岚最喜欢的物品，在家里睡觉也有要抱着的习惯。

我们渐渐明白，围巾带给岚岚的，是陌生环境里的安全感。随着岚岚对于幼儿园的环境逐渐熟悉，安全感得到了建立，对于围巾的依赖也渐渐减弱。如岚岚一般的孩子，在幼儿园里时常可见：一进入幼儿园就抱着自己的书包不肯放下的安琪，把陌生环境里的安全感寄托在了书包上；小熊娃娃时刻抱在怀里的源源，也把自己的相思寄托在了娃娃上。但也会发现，这些物品很快就会消失不见。在这背后，其实是幼儿园的环境与老师给予了孩子安全感。

安全感是一种感觉，是一个人内在精神渴望稳定、安全的需求。对于3岁的孩童而言，第一次离开家，第一次接触陌生的人群，第一次走进陌生的环境，第一次尝试着独立。太多的第一次簇拥在一起，不免令3岁的身体"超负荷"。所以，借助自己熟悉的物品，寄托一份情感，也寄托一份安全，是再正常不过的事。

安全感，可以建立。

《纲要》中指出：在幼儿入园初期，要建立良好的师生、同伴关系，让幼儿在集体生活中感到温暖，心情愉快，形成安全感、信赖感。应该如何建立呢？我想，建立安全感的第一步是相信。对未知世界的探索，对陌生人群的触摸，都要从安全感的建立开始。孩子入园是孩子的事，也是家长的事、老师的事。孩子是否能够快速适应幼儿园生活，与三方的配合很有关系。家长要放手，要相信老师，相信老师是专业的，相信老师会照顾好孩子在园的一天。同时，家长也要相信孩子，相信孩子可以很快适应幼儿园内的生活，相信孩子会喜欢上幼儿园。

建立安全感的第二步是值得相信。这一点，更多的是对老师而言的。相处初期，孩子话不多，但老师的一言一行都在孩子的眼睛里、心里。答应孩子的事，一定要做到；答应孩子的约定，一定要履行承诺。久而久之，当自己值得相信，孩子也必定会将安全感建立在老师的身上，从而喜欢上幼儿园的生活。

安全感建立的途径有多种。

结合近几年来的工作经验，总结了几种可供选择的安全感建立方法，在此做一分享。

其一，提前带领孩子熟悉幼儿园环境。未正式入园之前，可带领孩子入园熟悉园所环境，并给孩子介绍园所相关场景及娱乐设施等，让孩子对入园这件事抱有期待。

其二，为孩子讲有关幼儿园趣事的绘本故事，了解幼儿园日常活动及流程，知道幼儿园里各个不同的环节。

其三，如岚岚一样，带上一件自己喜欢的玩具或其他物品入园，帮助其快速建立安全感。

其四，提前约见老师，可把老师以父母好朋友的身份介绍给孩子。这样，在一入园见到时，孩子会以为是见到了熟悉的人，便会快速建立起信任。

安全感是相信，是责任。拥有安全感，是美好童年生活的基石。

日常里的小幸福

中午 12 点一刻，坐在办公室里的我饥肠辘辘，便打开手机浏览了一遍本周学校的食谱。这个时间点，显然已经错过了幼儿园的用餐，又在纠结着"如果到大餐厅用餐，就会占用做 PPT 的时间。要知道，明天下午和后天上午，我可是有话题两个分享的 PPT，而且最要命的是，明天上午有幼儿园老师们的故事大赛表演，根本没有时间静下心来"。

就在这个时候，办公室的门被敲响了，轻轻地打开门，是韩董馨副园长带着两份饭走了进来，我的幸福感瞬间爆棚。只见她手里拎着两份炒凉皮，还有两份馄饨。她说："饿了吧？先吃点儿东西，吃饱了才有力气继续做！"就在那一刻，我纠结的心安了下来，看着眼前的一切，有点儿不敢相信自己的眼睛。董馨园长接着说："看你和苗玲玲都在忙着做 PPT，我就为你俩做好服务吧，让你俩吃好喝好，好有力气，好好做！"那一刻的幸福，我不知道该用什么样的语言来形容才好；只是觉得，在工作中能有这样的知心战友，该是多么大的福分啊！

刚才，我还在纠结"去大餐厅吃饭会浪费时间"，瞬间，这样的纠结就不存在了。于是，边吃炒凉皮，边对着电脑继续做 PPT，吃饭、干活两不误。此刻，坐在电脑前，用手指划过键盘，对着电脑敲出那份幸福，内心依然久久不能平静。不禁想到，在我身边的同事们都是一群什么样的"互助者"?

我想到了苗晓洁。

昨天晚上，临下班前，我坐在办公室里对着电脑发呆，脑海中在思索着PPT的思路。忽然间，想起了郭菊先老师和她的两个女儿的故事，就发了个信息给苗晓洁，问她有没有班级郭老师的照片，很快就收到了她的回复。当得知我的用意后，她告诉我，照片的事包在她身上。于是，在今天一大早上班时，就看到了晓洁组织郭老师母女在操场上拍照。很快，我就收到了她发过来的照片。

我还想到了陈丽蓉和连茹。

接到刘浩然校助的电话，说下周的峰会上需要排一个教师旗袍秀的节目，问我可不可以找人带领一下。我顺嘴接下了这个活儿，并迅速起身，到班里去找了陈丽蓉，告知她需要排一个旗袍秀的节目，希望她和连茹能一起接下来。丽蓉爽快地答应了。也在今天上午，我看到了丽蓉和连茹一起就节目的事在商讨。行动，是如此迅速。

我还想到了肖燕。

在开行政会时，翁文千主任说到天使揭秘盛典需要幼儿园出一名主持人。结合文千主任给出的"条件"，我没加思索地报了名字"肖燕"。然后，我给肖燕老师发了一条信息："肖燕，天使揭秘盛典，你来做主持人。"很快就收到了她的回信："收到，努力做到最好。"收到这样的回复，怎么能不令人喜悦呢。

若问我，还有吗？我想说，还有，还有……

这样的同事在我的身边是一抓一大把啊！比如，协助组织老师到其他幼儿园参会安排的杨志慧老师；比如，在第一时间站出来处理问题的陈晓燕和张秋英老师；比如，怀孕挺着大肚子依然跑前跑后忙碌不停的高岩和高盼老师；比如，利用下班时间帮忙买东西的生活老师，等等。

正是因为我们的身边有这样的同事，才让我们觉得辛苦地工作无比幸福。幸福是什么？幸福不是海誓山盟的誓言，而是在需要的时候，总会有温暖在身边。幸福是什么？幸福不是甜言蜜语的浇灌，而是面对任何需求，她都能笑着说："好的。"

幸福，真的很简单，就如董馨园长送来的那一碗"炒凉皮"那般。

就这样被你们爱着

爱他人是一种能力，被人爱是一种幸运，我很幸运。"中午，咱们去吃米线吧，我想吃那家云南过桥米线了！"早餐时，韩董馨副园长诚恳地说道。"今天中午的饭很值得期待，卤面、牛肉面。你怎么想吃米线啊？"我不解地回道。"嗯，反正就是可想吃了，一起去吃吧！"似乎有一丝丝央求，董馨坚持地说。"好吧，你要真想吃，那就去呗！"对于平日里很少有如此要求的董馨，我也就答应了。

11：30，幼儿园的午餐时间。伴随着董馨和毛阳紧凑的脚步声，两人来到了我的办公室。"走啦，去吃米线啦！"两人似乎对于米线已经迫不及待了。

"是啊，快走啦！等会儿还要回来开教研会议呢。"董馨一本正经地说道。"你们俩先下楼，我把中午教研会上要讲的 PPT 拷过去，马上就下来！"对中午会议一无所知的我，上午还精心准备了要讲解的 PPT。

米线店就在学校的对面，走路也用不了几分钟，加之我们去的时候，店铺不忙，米线吃得很快。在这期间，我还一直担心会不会影响中午的教研会议，不时地看一下时间。谁知，米线还没吃完，几个人就提出了新的要求："去参观一下你家呗，你们不是马上要搬家了吗？现在都已经整理差不多了吧！""好啊，就在对面楼上，吃完饭上去溜一圈吧！"

啰唆的这一切，只想说，当时间来到 12：50 时，我们踏进了幼儿园的

○ 花的念想：幼儿园里的小美好 ●

大门，而真正的惊喜在这一刻才显露了出来。音体教室内，大屏幕上出现了"Baby Shower 那夜天使降临"的字样，环境也被布置得特别温馨。此刻，我被惊吓倒了！今天中午的教研会议变成了 Baby Shower 的庆祝会，我竟然完全被蒙在了鼓里！

当然，今天的主角就是准妈咪了。除了幼儿园里的两位准妈咪之外，策划的老师还邀请了小学部的毛兵和贾丽君老师一起参加这个盛大的狂欢会。伴随着董馨一本正经的开场，到高岩老师接过话筒做主持，一场"迎婴派对"就此开启。开场的一个暖心视频感动了每一位孕妈。不知道为了此次活动，大家已经默默潜伏行动多久了，可以深深感受到来自策划组浓浓的爱意！

今天的派对较之以往幼儿园里组织过的两次 Baby Shower 有了很大的改观，每一个环节、每一个细节都充满了未知和惊喜。从观看视频到比赛起名，再到华丽的装扮，直至家属出现在现场，等等，一切都无不让人惊喜和感动。

随着 Baby Shower 的持续进行，音体教室里欢笑声、呐喊声不断。作为嘉宾的家属们均表示，透过此次活动真正体验到了孕育宝宝的辛苦，向勇敢的妈妈们致敬。而第一次参加这样活动的毛兵老师和贾丽君老师也在活动结束后发表了感言："第一次参加这样的活动，这将会是我人生路上一个不会遗忘的时刻，很惊喜，也很感动！""从怀大宝到二宝，我第一次参加这样的活动，很有意义，透过这个活动，也让老公体验到了怀孕的不易。感谢幼儿园团队的用心，这份美好将珍藏在我的心里。"

在以往，我也曾组织或参与过老师们的迎婴派对，但今天这个派对让我的内心久久不能平静。我知道，这不是一个简简单单的派对，因为，早在这之前的两周里，老师们肯定就已经开始了默默行动。为了制造这份惊喜，有多少人在背后默默付出着，组织着，策划着，我不得而知。但，就这样被你们爱着，真的很幸福！

谢谢你们，齐心协力组织这场活动的每个人！谢谢你们，默默制造惊喜的每个人！

锤　炼

　　锤炼，取自千锤百炼。在行政会上，董晓主任关于"家长60秒"的分享中，看到和感受到了深深的锤炼感。董晓主任受"罗胖60秒"与"校长60秒"的启发，尝试着做起了"家长60秒"。很快，这份"家长60秒"已走过了38天的时间。

　　38天来，这份家长60秒已经成为众多师生必听的"60秒"之一。回顾这一路走来的感受，董晓主任有着不少的感触和感悟。行政会上的分享令大家看到了这份"60秒"背后的不易，也感受到了这份坚持在她身上烙下的锤炼印记。

　　据董晓主任分享，之所以想要做这份"家长60秒"，也是受"校长60秒"的启发。家有7岁女儿的她认为，校长不易，其实作为家长，也是万万千千家庭中极其重要的组成部分。家长的一举一动直接影响着孩子，在与孩子的相处中，陪伴孩子成长的过程也是自我成长和进步的过程；所以，做"家长60秒"的过程也是记录自己与女儿一同成长的过程。

　　每天，她用在整理"家长60秒"的时间大约有2~3个小时。选话题是60秒的第一步，睡觉时、做饭时、打扫卫生时，脑海中不由自主地就会思索可使用的话题及选材。有了话题，编辑文字，尝试录制，这个过程往往要重复30~50遍，常常会录得整个人都开始僵硬。

在坚持的这段时间里，董晓主任总结出了4个"生"：生命、生活、生存、生长，生生不息。生活，每天都是新鲜的，真诚、真实地记录和呈现，总会令人惊喜和意外。在这段时间的坚持中，女儿也融入了她的创作，协助调整话语，帮忙一起整理，等等。和孩子一起做一件事，是幸福的，更是愉悦的。当然，做了之后，自己也收获了深刻的感悟，要"耐烦"。一遍一遍去打磨，很浪费时间，却也很磨炼人。做了之后也发现，生命最大的遗憾是，我本可以却没有做到。之前是厚积，而现在迎来了薄发。

坐在台下，聆听着董晓主任的分享，也在她的身上看到了一种别样的感觉——历经了千锤百炼之后的"沉厚"。或许，"家长60秒"是一种媒介，在这种媒介之上，董晓主任有了"在事上磨炼，在事中精进"的机会。也或许，"家长60秒"是一种契机，幸运的是，在这个机会来临之时，也正好被紧握在了手里。所以，也才有了今天，与以往不太一样的董晓主任。

今天的她，站在台前细数着家长60秒走过的每一个日常，有不易，有辛酸，有艰难，也有收获，有成长，有喜悦。这是锤炼路上的风景和日常。

人生没有一件事是容易的，再宏大的梦想，如果没有脚踏实地的行动，就都是空谈。从小事做起，日日坚持，历经千锤百炼，必将会迎来熠熠生辉。

锤炼是捶打，是打磨，是磨炼。唯有在不断地锤炼中，才会懂得其中的甘苦，才会从中得到增益，开拓出自己的道路。

隐　性

李建华校长曾提到过一个新鲜的概念：管理的暗物质。他认为，作为一名管理者，除了给予团队成员那些可见的工资待遇、金钱、职位等"明物质"之外，还需要给予大家一些"暗物质"。他说，一个人在选择一个单位、一份工作时，首先看到的会是"明物质"，但进入到单位之后，一定是"暗物质"让人成长。在他的分享中，也列举出了这样一些"暗物质"：共识、信任、看见、托举、影响……

最初接触这些词语时，并无太大的感触，但随着时间的流逝，一群人齐步向前，也越发觉得，"暗物质"才是滋养一个人走得稳、走得好、走得远的重要基石。"明物质"显而易见，容易吸引眼球；而"暗物质"滋养身心，能助力久远发展。

不难发现，在孩子的教育过程中，其实也存在着"显性"物质与"隐性"物质。显性物质，显而易见，有知识、分数、证书……这些显性物质是一把衡量孩子现阶段状况的"标尺"，但绝不是衡量孩子人生的"恒尺"。其实，孩子的成长与团队的管理有诸多融通之处。管理，需要暗物质滋养团队，而教育需要"隐性"物质滋养孩童生命。

从事幼教工作十余年，愈发觉得，3～6岁的童年时光是一个人一生的财富，甚至会影响一个人的一生轨迹。若把这个阶段的教育放在人生长河中观察，不难发现，分数也好，证书也罢，都不足以成为一生的"惦念"。

　　1978 年，有记者采访诺贝尔物理学奖得主卡皮察说："您在哪所大学、哪个实验室里学到了您认为是最主要的东西？"出人意料，这位白发苍苍的老人回答道："是在幼儿园。"老人如数家珍地说道："把自己的东西分一半给小伙伴们，不是自己的东西不要拿，东西要放整齐，吃饭前要洗手，做了错事要表示歉意。午饭后要休息，学习要多思考，要仔细观察大自然。从根本上说，我学到的全部东西就是这些。"

　　学会分享，不随便拿东西，良好的用餐习惯，善于思考……这些不起眼的点滴成了卡皮察眼中最主要的东西。或许，这正是滋养孩童的"隐性"物质。除此之外，长久有效的合作沟通能力、创造能力、思辨解决问题能力也远比教会孩子认识 100 个汉字、做 100 道数学题更有意义。

　　教育的隐性物质大抵是：习惯、合作、沟通、创造、解决问题……儿童是天生的探索者。教育是连接当下与未来的桥梁。教育工作者不能为"显性"的分数而挖空心思，要尝试为"隐性"的未来下功夫。

努力的结果

艾瑞德国际幼儿园探究式主题案例"买卖小高手"入选"日敦社幼师学院"探究式案例集了，内心的热度也随着时间的流逝趋向冷却。选择在此刻与大家共享这个消息，一来想为这个结果带来的开心添把柴，再次共享这个美好的时刻；二来也想要提醒自己，面对不同的结果都要能稳得住，毕竟结果时时有，只是类不同而已。

结果是努力的最终呈现方式。

任何一件事，在做之前，人们都会有自己的预期和想要收获的结果。在通往结果的路上，却需要无尽的努力。就拿幼儿园探究式主题课程开展这件事来说吧。5年前，我们开始尝试做主题课程，最初的想法是让每一个孩子在遇到艾瑞德幼儿园时能够拥有一个快乐的童年。当然，快乐的童年，说起来简单，做起来却没有那么简单。

这些年来，老师们尝试改变自己，改变固有的教学模式，改变与孩子们的互动方式，等等。终于，在探究式主题教学方面有了新的认知、新的突破和新的呈现。特别是能亚楠老师，在对"买卖小高手"这一主题进行最后的梳理整理时，连续挑灯夜战，几次修改与调整，结果，让所有的努力有了意义。

结果让努力徒劳变苦劳。

○ 花的念想：幼儿园里的小美好 ●

任何事情，在没有结果之前，一切的努力都只能是徒劳。常言道："劳苦功高。"其重要的表达也是后面的两个字"功高"，没有功，再苦也没有人理会。而徒劳无功也是表达，没有结果的徒劳终将只是空梦一场。在日敦社幼师学院的征稿之前，园内就启动了主题课程案例梳理的工作，走过的5年里，我们曾结合20余个主题展开过学习和探究，从中筛选出了5个，作为样板主题整理。这是对我们过往之路的梳理总结，也是让走过的路有"结果"呈现。

结果不会撒谎，结果不会骗人，结果让努力从徒劳变苦劳。

结果让前行步伐更坚定。

面对主题案例入选的结果，也意味着要有一个全新的开始。这样的结果是对过往之路的总结及肯定，也是对我们未来前行方向的指引。刚接触主题课程的开展时，不少人有过迷茫、质疑，但一纸结果向我们表达了：一切的努力，结果会表达。

结果不是唯一，但结果让所有的努力被看见！

到需要的地方去

　　人生何愁无去处，需要之地更为宜。和一个在体制内工作的同学聊天，同学一句"你为啥还不进公办啊"的疑问，开始了我俩的一番人生对话。同学在体制内工作已经六七年，与刚毕业时在民办幼儿园工作的几年经历相比较，觉得有很多的不同，之前也曾劝说过我到她所在的公办园内工作，种种原因，我拒绝了。一晃这么些年过去了，看我依然没有进入体制内的想法，似乎有一些替我着急了。我回复一句："公办就不准备进了，如果有机会，我会选择去支教几年。"随之迎来的是同学"劈头盖脸"的批评："你想什么呢？现在幼教缺口大，以你的条件，正是进来的好时机。支教，可以假期去玩玩就可以了啊！"同学说得有道理，随着国家对学前教育的关注以及大力推进建设幼儿园，师资方面存在着较大的缺口，如果现在进入公办，一定是绝佳时机。面对同学的"批评"，我选择了沉默，没有再说下去。作为在民办园深耕十几年的我，有着自己的想法，纵然同学是一片好心，但，我有我的坚守。

　　近几年来，随着幼儿园数量的急速增加，幼儿教师的流动性也较前几年有了惊人的增长，受影响最大的自然当数民办类幼儿园了。就在这个学期开学初，和前来送《小小艺术家》杂志的张主编聊了会儿天。张主编苦恼地问："现在幼儿园老师的流动性有多大啊？我最近到某个幼儿园去送杂

○ 花的念想：幼儿园里的小美好 ●

志，发现他们的园长又换了，从去年到现在，这还不到一年时间呢，都换了3个了。"听到张主编的这番话，心中不免感慨。其实，这种现象也不仅仅是这个幼儿园才有的，而是较为普遍的存在。对于这种现象，民办幼教人也很苦恼。

不久前，一个深圳的朋友看到我朋友圈里发送的主题课程案例集册，便询问能不能买，想要买几套带老师们一起学习。目前，这些册子还只是我们的内部印刷资料，就给她寄了一套。和同在民办园里做园长的她聊天中，也有着关于教师流动的共鸣，师资的频繁流动导致她们想要做些系统课程的想法至今都无法正常进行，看到我朋友圈发的主题课程案例集，仿佛见了至宝，准备带着老师们从模仿我们的活动开始入手，其他的想法要慢慢再来实现。去年刚从北京去往深圳工作的她，面对民办教育行业内的这种现象也较为苦恼，在来来往往的聊天中，和朋友也产生了共鸣：纵然民办的路会难走一些，但不正是因为难走才更需要我们这些老幼教人来坚守和守护嘛。现在是进体制内的好时机，但进去了又如何？在体制内，我们都是可有可无的存在。而对于民办，却不相同，也许我们沉下心来的3年坚守，就会让一个民办园生机勃勃。相对于体制内和民办来说，民办更需要我们！

是啊，和体制内的可有可无相比，民办也许更需要我们。因为这份需要，我们的存在才更加有意义。因为这份需要，我们的付出才渐渐发芽直至长大，并开出美丽的花。一个公办园给予孩子的，民办园同样会给予孩子们，甚至会超倍给予。民办园是我国教育发展中不可或缺的重要存在，用爱坚守，用心呵护！

守着一树花开

　　每个人都是一粒种子，在土地上播种，守着它慢慢长大。

　　在过往的打卡中，我记录了幼儿园苗玲玲老师结婚带给我的所思。在那场婚礼中，我回忆着幼儿园老师们一个个出嫁的场景，似乎自己有一种嫁女儿的感觉，便记录了嫁老师的一段文字。朋友圈里，大家在转载时，高馆长给出了这样一句话："王园长把幼儿园经营得像大家庭一样幸福！"看到这句话时，心里流动起一股暖流，幼儿园团队确实像一个大家庭一样幸福，而我，是这幸福家庭中的一员！

　　静下心来，想想我们的幼儿园，如果说把幼儿园比喻成一棵大树，那幼儿园里的老师们则是这棵大树的树根、树干、树枝。生活在这里的孩子则是树叶、花朵和果实。随着春夏秋冬的变迁，随着时间的流转，大家的生命轨迹都有着不同的成长和改变。老师们视这里为自己应坚守的家园，有时候，像树根一样从不同的学习中、读书中、行走中汲取着能量和资源；有时候，也像树干一样，屹立于风霜雨雪中，时时刻刻坚守着自己的岗位，守护着自己的职责；还有的时候，像树枝一样，尽力伸展着自己的手臂，去触摸和寻找一些新的方向和突破点。如此种种，只为在大树的身体里聚集无限的能量体，以供每一片树叶的吐新、每一朵花儿的绽放以及每一颗果实的成长！

○ 花的念想：幼儿园里的小美好 ●

生活在这片土地上的孩子们正如树上那一片片叶子，随着四季流转，每年都会有新生命的到来，同样，也会有一些要离开。每一个孩子初来时，就如春天里那树枝上冒出的新芽，把自己紧紧包裹起来，但随着那些树干及树枝们的用心呵护，这些新芽开始慢慢舒展自己的身体，得到爱和关怀的孩子们终将一天天长大，从而，随风舞动自己的身体，也鸣奏着欢快的歌曲！

　　随着时间的推移，孩子们会和这里的老师之间形成更好的链接，甚至会爱上这片土地。在一片祥和愉快的氛围中，这棵大树也将呵护着一个个精灵在这里开出漂亮的花，长出漂亮的叶，直至结出美味的果实。生长的过程亦是生命成长的过程，老师用自己身体的能量去滋养和呵护着每一个孩子的成长，而孩子也在老师们的呵护之下尽力地把自己绽放！

　　写到这里，脑海中回味着幼儿园里的老师与孩子们之间的一个个动人画面，心中更是喜悦。课堂上，师生们开心互动；课堂外，师生间温暖依存，都在书写着幼儿园这棵大树和谐、幸福、美满的样子。

　　而我，作为一个站在一边的观看者，则更像是这棵大树的守望者。守望着每一位老师在艾瑞德这片土地上的坚守，守望着每一位老师用自己一言一行去呵护每一个儿童，守望着每一位老师把树枝伸向更大胆的挑战；同时，也守望着每一个孩子在大树的庇护下渐渐舒展身体，也守望着每一个孩子绽放出最美的舞姿！

　　我愿就这样守望着这棵大树的一树花开，因为花开时，每个人都成了最亮丽的存在！

脚手架

记得初到艾瑞德时，学校对面的楼房正在建造中，高高的楼宇外，搭建起了一层又一层的脚手架，而脚手架每上升一层，楼体建造也会到达一个新的高点。站在脚手架上修建楼宇的工人也会随着脚手架的高度站得更高、看得更远。

在楼宇的建造中，脚手架是为了高空作业提供便利的平台。当然，在这个平台之上，还有随之而升高的楼层以及施工人员的人身安全。因为有了脚手架，楼体很快就完成了建造。此时，高高林立的楼宇宛若一道亮丽的风景，为校园中的孩子们带来了全新的视野。

将画面切入校园，伴随着楼体建造一起成长的每一位老师、每一位孩子，是否有自己的脚手架呢？答案是有的。每个周一，学校的大操场上，都会举行升旗仪式，国旗下，李建华校长讲故事，瑞德大使、瑞德少年颁奖，学生校长助理任命，担任升旗仪式的主持人等，不同的形式、变换的方式，丰富着学生在校园内的日常，也托起着每一位学生的成长。它们堪比学生成长的"脚手架"，这些脚手架，是每一位学生成长的阶梯和平台。把每一位学生托向了"眼中有光、脸上有笑、脚下有力、心中有爱"的模样。

漫步在艾瑞德校园的每一位老师将"研、读、写、讲、种"视为成长的五件套，潜心研究，坚持读书，持续写作，讲好故事，耕种田园。看似只有 5 个字的五件套，其背后却是无尽的磨炼。

作为教师，研究儿童当是我们的第一专业。在艾瑞德，我们的学生观为"每一位学生都是美丽的不同"，但如何让美丽的不同获得存在感，就需要作为老师的我们潜心研究儿童的行为以及每一个行为背后的故事。研究某一个儿童并不难，难的，是研究每一个儿童。研究儿童是一项修炼，是无尽的磨炼。在这样的磨炼中，我们更懂儿童，也增加了个人能力。

坚持读书，持续写作，是教师成长路上的法宝。当然，说起读书和写作，众多人会欣然接受和赞同，但若能做到持续，恐怕不是一件容易的事。每天，要抽出专门的时间阅读，还要留出时间来写作，不免会让原本就紧张的一天更加错乱。但日子久了，就会发现，正是因为有了这些"抓手"，才让我们的磨炼变成了"修炼"。

脚踩五件套的老师们收获了别样的风景。排斥写作的陈晓红主任在写作打卡这条路上找到了自信，喜欢健身的张文芳老师做起了直播分享，习惯于默默做事的赵宗新主任收获了太多慕名点赞的"粉丝"。磨炼之路或许是痛苦的，但也因为有这些"抓手"，增加了每个人的"能力"。所以，成长路上的磨炼是隐形的"脚手架"。

近来，学校里的中层干部们开启了一项新的修炼，尝试书写"校长 60 秒"的文稿。没有写的时候，觉得区区 60 秒根本不是个难事，但真正开始写的时候，才深刻体会到其背后的辛酸。60 秒不易，或许这是来自李建华校长的"别有用心"，让我们在做事中去磨炼，在磨炼中修炼。无论是否，它都将是我们成长中珍贵的"脚手架"。相信，踩上去，必会有不同的风景在等待。

人生是个不断攀岩的过程，而攀岩途中的每一个抓手正是把自己带向全新制高点的"脚手架"。

让艾瑞德精神续写和永存

　　工作的轮转在职场里是再正常不过的事了。在艾瑞德工作的这些年，曾目送一些人的离开。她们或因家庭的变动，或因婚姻的需要，或因迎来生命中的孩子等。每一次离开，都是不舍中夹杂着眼泪、喜悦中夹杂着祝福。

　　我很关注大家离开艾瑞德之后的动态。跟着先生奔赴浙江的倩倩找到了新工作，在入职、适应后，打来了电话分享新工作的感受。被老爸叫回家创业的芳芳，仍时刻关注着艾瑞德的动态，期待有朝一日回到郑州，再一起携手续写教育故事。回家带娃的仁娇，在育儿经验学习的路上遇到了好的点子与想法，也总是在第一时间发来信息，以借鉴和学习。每一次收到此类的信息都会说一声谢谢，感谢分享，感谢牵挂。而她们也总是甜甜地说上一句：感谢艾瑞德的培养。这些年中，有许多曾因故离开的老师走上了回归艾瑞德之路。娃渐大的仁娇回来了，浙江归来的倩倩也正待归。归来，是因为热爱，热爱这片土地，热爱艾瑞德精神。

　　当然，也不是所有人都可以归来。就如以"老板娘"身份走进我办公室的艳毓，她自生孩子离开至今已三年有余，虽时时关注着艾瑞德校园内外的动态，却完成了与艾瑞德的擦肩。艳毓和先生开了一家图文店，加上两个孩子间隔近，也就抹杀了她回归艾瑞德上班的心愿，但话里话外，对

○ 花的念想：幼儿园里的小美好 ●

艾瑞德的感情一直都在。平日里，校园内一些设计的工作，但凡能帮上忙的，她都亲力亲为，一遍遍设计、一点点对接，也从不收任何设计费。

问她为何如此，她说对艾瑞德的感情一直都在，虽然现在因为自己的一些原因不能回归上班，但心是在一起的。她说，现在夫妻俩创业，虽人少，但受艾瑞德影响，做事的认真、工作的勤恳一直在。每日里，忙完工作也会翻阅一些学校相关的新闻信息，说起这些年来学校里的变化，她也如数家珍一般，样样都知晓。

我也想起了一个曾离开的老师，到了新单位工作后，将一些艾瑞德的活动融入新环境。她说，出去了才知道并不是所有人都如艾瑞德那般用心，而她想用自己的力量带给那片土地上的孩子们一些教育的福音。我被她身上的这种艾瑞德的精神深深感动。

一所学校，一个单位，在每一个经历过的人身上都会刻下一种烙印。在职时，烙印融入集体共存；离开后，烙印将化为力量助远行。

艾瑞德人，艾瑞德精神，在每一个走过这片校园的人身上续写和永存！

从小学数学名家讲座里寻幼教

教育本就相通。一次教师专业培训，迎来了数学名师贲友林先生。作为一名在幼教领域工作生活十余年的我，数学二字已经渐渐久远。数学的课堂也不再是我深耕路上的重点。因为幼儿园和小学在同一个校园的原因，近一两年也开始接触一些小学语文、数学等方面的名家。起初听这些名家授课时，总有种离自己很遥远的感觉，那种排排坐的课堂在幼儿园里不会出现，幼儿园的孩子也不会像小学生那样在课堂上认真听讲。随着名师名家们的一次又一次课例，也伴随着课例之后的一场场报告，渐渐地，我发现在他们的课堂上或分享中都能找到幼教的影子。在贲友林老师的数学课堂上和后半场的报告中，静心聆听，其结果令人惊喜。

其一，课堂是谁的课堂？在贲老师的课堂中，课堂是学生的课堂。贲老师抛出了话题，让孩子们习作，做完之后，便邀请同学到台前讲解自己的做法，让学生讲解的情况，很多老师的课堂上都会有，但贲老师不仅让同学到台前讲解，还对同学的讲解站姿有些许"要求"，他提醒站在讲台前的同学要面向全班同学来进行讲解，就这样，学生做了"老师"。对于班里的同学而言，站在台前不仅仅是分享自己的解题心得，也在课堂上找到了存在感。这样的课堂怎么会不受学生欢迎呢？透过孩子们的分享，充分地体现了课堂是属于孩子们的！

于幼儿园的孩子们而言，我们也要有如此之认识和行动才好。脑海中也浮现了我们的孩子在操场上、大树下的课堂上，挥舞着树叶的喜悦，手牵手测量树与树之间距离的样子，还有走在工大校园里的课堂，坐在地铁上的课堂，科技馆台阶上吃盒饭的课堂，等等。虽然上课的地点不一样，但丝毫不影响与今天贲老师课堂的共通之处：学生是课堂的主人！

其二，做一名会倾听的老师。在贲老师的课堂一开始，和孩子们的互动中，他就开始关注孩子们的表达和倾听。在接下来的课堂中，大多数时间里，贲老师也是尽可能多地倾听孩子们的想法，允许大家有不同的想法出现。在同学们表达的同时，贲老师会倾听孩子目前的思路，从而了解其目前所达到的认知水平，并会尽快思考，同学即将要达到的认知水平，自己该做些什么来引导。只有了解了孩子，也才能更好地让自己的授课更有价值。善于倾听、会倾听的老师不仅给足了孩子表达的机会，也让学生没了距离感。

说到倾听，于幼儿园的老师们而言，也是一项无比重要的技能。3～6岁的孩子喜欢说话，喜欢表达是孩子们的天性，作为一名幼教人，我们更应该做的，是俯下身子，听一听孩子的心声，和孩子的心灵产生共鸣。学会倾听，每一位幼教人当谨记！

其三，做一名自信的、真实的教师。在一节课结束之后，贲老师和台下的老师们进行了互动，面对老师们的问题和"质疑"，贲老师真实地表达自己，并为自己的课堂"说辞"。互动完之后，贲老师表达了如此做的用意：课堂是我的课堂，我要对我的课堂有自信，课堂开始之前，一切都是未知的，课堂上随着学生的状态、发言而调整自己的讲解。所以，无论怎样，面对不同的声音，首先自己要有自信。同时，在贲老师的报告分享中，也提到了一些常常不愿被提及的话题，这是贲老师作为一个教育人的真实。真实地面对自己的课堂，真实地面对自己的一切，难得也！

让我想到了就在几天之前，大大班的老师们在一起讨论的幼小衔接的话题，作为一名幼教人，我们要有幼教人的自信，面对家长关于提前让孩子学习小学知识的疑问和焦虑，我们应有我们的坚守，因为我们才是专业的!

透过贲老师的课堂，我们可以有太多关于幼教的思考。教育的魅力，教育的神奇，就在于它是互通互助的。

治　理

治理是政府的管理方式。

《中国教育报》上学前教育的话题中，出现了两篇关于"治理小学化"的文章。作为国家教育领域最具权威的报纸，在同一天内刊登两篇关于小学化治理的话题，不禁令人深思。幼儿园小学化的现象对于教育带来的影响有多深？是什么样的教育现象竟引来治理一词？带着对"治理"的疑惑，在百度百科上查阅"治理"一词，得到的答案是：治理是政府的治理工具，是指政府的行为方式，以及通过某些途径用以调节政府行为的机制。

曾有治理河道、治理黄河等说法。治理理论的主要创始人之一詹姆斯·N·罗西瑙认为，治理是通行于规制空隙之间的那些制度安排，或许更重要的是当两个或更多规制出现重叠、冲突时，或者在相互竞争的利益之间需要调解时才发挥作用的原则、规范和决策。

两篇关于"治理小学化"的文章分别是《江苏：全面推进课程游戏化治理小学化》和《青岛：推进三个主体协同治理小学化》。在两篇文章中，分别提到了江苏省教育厅发布的关于幼儿园"小学化"专项治理工作意见的文件以及山东省青岛市教育局印发的"青岛市学前教育小学化专项治理工作方案"。无论是文件，还是工作方案，都在引领着学前教育的发展要正确认识到幼儿园内不可有小学化的现象。江苏省推进治理小学化的改进措施是全面推进课程的游戏化。对于 3～6 岁的孩子而言，游戏是学习的重要途径，在教育部颁发的《3～6 岁儿童学习与发展指南》一书中，也曾明确指出，幼儿的学习应以"直接经验"为主，让幼儿能真实地体验、真实地感受、直接地参与等，是获取直接经验的重要途径。同时，真实地体验正是以游戏为重要途径的学习方式。

此次江苏省教育厅关于小学化现象的治理中，提到了要依据《幼儿园安全友好环境建设指南》和《幼儿园玩教具配备标准》，为幼儿园实施课程游戏化创设必要的学习环境，还提到幼儿的学习要以自然地貌和景观为基础。这些要求体现了江苏省教育部门切实想要把幼儿园的美好时光还给孩子。

在山东省青岛市教育局推出的"治理"一文中，则提到了要通过自查摸排、全面整改和专项督查等措施，来推进幼儿园、小学和校外培训机构三个主体的协同治理，迅速遏制提前教授学龄前儿童课程内容的突出问题，建立科学的幼小衔接机制。在本次提出的"青岛市学前教育"小学化"专项治理工作方案"中，明确地指出，要坚持幼儿为本，坚决纠正幼儿园"小学化"的违规办园行为。

国家明令禁止幼儿园提前教授汉语拼音、识字、计算、英语等小学课程内容；幼儿园也不得布置小学课程的家庭作业。从严治理小学化的现象，还给学龄前儿童应有的童真，是中国学前教育从业者义不容辞的责任和义务。但在我们实际的工作中，家长对于提前让孩子学习小学知识的诉求和欲望，让我们左右为难。国家层面的介入，正如一股春风洒向我们的心田，有了更加强有力地支持，但愿学前教育小学化的现象真的可以成为历史上的过往。

幼儿园是孩子们求学生涯中的第一个起点，3～6 岁的孩子们，应充分感知和感受童年里应该有的美好。拔苗助长不可取，但愿治理小学化现象不仅仅江苏省和山东省在行动，而是全国的学前教育并肩前行！

○ 花的念想：幼儿园里的小美好 ●

起跑不抢跑

　　每个孩子，自3岁起，开始步入求学阶段，从幼儿园到小学，再到初中、高中、大学……可谓是，求学路漫漫。而在这条漫长的路上，幼儿园阶段是起始点。

　　不少家长都不愿自己的孩子"输在起跑线上"，所以，对于幼儿园教育指手画脚、提要求、给教学建议等是常有的事。更有家长，在幼儿园阶段就为孩子选择各种各样的"补课"班，好让自己的孩子知道的、会的比其他孩子多一些。家庭成员面对孩子的教育也存在分歧，常常是"各有己见"。

　　同事小江家的孩子今年4岁，之前在自己家门口一个不错的幼儿园就读。随着小江来到艾瑞德工作，把自家孩子也转进了艾瑞德国际幼儿园。在孩子入园一个学期之后，家里的婆婆"不愿意"了，抱怨孩子什么都不会。事情是这样的：春节回老家，邻居家、亲戚家与小江孩子年龄相仿的娃娃每天在家里写汉字、做数学题，而唯有小江家的孩子无所事事。更有，过年聚会时，大人们总喜欢逗孩子背古诗、表演节目，亲戚家的孩子背起古诗来，叽里呱啦一大串，而小江的孩子只喜欢帮助大人摆碗筷，不愿背古诗。所以，婆婆就劝小江给孩子换个幼儿园。作为妈妈的小江不同意婆婆的观点。小江说，之前孩子上幼儿园，就是交个学费就去了，但来到艾瑞德工作以后，看到幼儿园老师们的点点滴滴做法，才明白，之前对于孩子的关心和关注太少了。

孩子来到艾瑞德幼儿园，虽然仅有一个学期的时间，但孩子的几个表现让她觉得，把孩子转进艾瑞德是正确的选择：其一，与之前幼儿园相比较，孩子更爱上学了，每天早上，孩子都很开心上幼儿园，在每天放学后，也还要在这里再玩一会儿。看孩子喜欢上幼儿园，不用问也知道，他喜欢这里。其二，老师会带孩子们去很多地方，植物园、地铁站、服装厂、奶牛基地，等等。跟着老师们一起外出过的小江表示，每次外出，都要比学校更操心、更辛苦，但这里的老师们从来不喊苦、不喊累。最重要的，自己家的孩子在这样的外出中学到了很多书本上没有的知识。其三，孩子养成了一些好的习惯。受小黄书包的影响，现在每天晚上睡觉前，孩子都要让爸爸妈妈给讲故事；在家里吃饭时，也总是把饭吃得很干净，等等。

面对孩子教育的分歧，小江选择了向专业人士求救。她认为，幼儿园老师是幼儿教育的专业人士之一。不仅因为在幼儿园做教师，还因为每一位幼儿老师都经历了相关知识的学习，在实践经历之中，也接触了很多3～6岁的孩子。在求救中，小江跟着老师读了3～6儿童学习指南，知道了科学育儿的核心要素。所以，小江更加坚定了自己的选择，也更加放心地把孩子交给了艾瑞德幼儿园。

科学育儿，不超前教育，不仅仅是国家对于学前教育的要求，更是孩子身心和谐发展的必要条件。孩子的教育是一场马拉松，而非百米冲刺，尊重儿童生命生长规律，遵循儿童生命生长路径，很有必要。

若能站在人生长河中来看幼儿园教育，不难发现，它仅是孩子受教育的起跑点。所以，平稳起跑，并能保持长久的耐力，才能胜利！

起跑，不抢跑，让孩子慢慢来！

案头书

　　我的办公桌上常常会放几本书，趁着休息的间隙或是电脑上文案保存的空当，顺手打开一本翻阅，不仅利用了碎片化时间，也会常常在临时的翻一翻中找到些许灵感。最近，案头上的书有冯唐先生的《成事》，这本书是本学期行政会分享的书目，所以，一有空就会翻阅几下。

　　这本书是冯唐先生以梁启超编选的《曾文正公嘉言钞》为底本，以成事为主旨，从现在管理角度的品读及写作汇集而成的。由于要分享，所以要清晰地明确文中话语的原意。所以，我寻到了一本《曾国藩家书》，一并放在案头。

　　每每读完一页，我也会再翻翻《曾国藩家书》，两本书的结合往往会给人全新的感觉，可谓是妙哉！

　　除了以上两本书，案头上还放有白岩松的著作《幸福了吗？》。这是我读完《白说》和《万是尽头，终将如意》之后，读他的第3本书。新闻人也好，主持人也罢，重要的，是他的书中有着"独特"的视角。每次读他的书，都仿佛在走进一些特殊时刻的"现场"，比如：奥运会、地震震中区、央视直播间背后，等等。这样的视角警醒着我，他们是"名人"，也是一名普通人，因为，普通人的心酸，他们一样不少。

　　在地震重灾区采访时，他们曾有过一天只吃一顿饭的时候；在交通拥堵的大都市里，他们也曾有过"赶直播"的时候。巧合的是，在《幸福了吗？》一书的第 14 篇章里，有一段记载曾国藩的段落。或许，仅是一个巧合罢了，但令我兴奋不已。案头上，无心搭配的几本书却有着丝丝缕缕的联系，可谓妙耶！这 3 本书，读的都近尾声，内心也升腾起一股无声的力量。那些久远的智慧、生活中的过往，都是我们了解历史、知晓历史的途径。而作为我，又能为这些历史的传承做些什么呢？

为幼儿园的孩子们讲历史？不免乏味吧！带孩子们背诵曾国藩家书？无人喜欢吧！连续几周的思考，终于有了一个新的想法。历史与家书距离孩子们遥远，但我可以选择一些其他的资源啊！于是，今天我的案头上，放上了一本《唐诗三百首》。

这本书的用途是这样的：在每个周五，我都会录制下一周的"园长阿姨 温暖在线"的故事，依据每次选好的故事，我会在《唐诗三百首》中选取一首古诗，作为开场。就拿今天录制的故事来说吧，下周是久别的假期归来，所以我选择了故事《好朋友》，结合故事，我配上了古诗《红豆》作为开场。这是一首表达相思的古诗，结合故事，希望传递给孩子们好朋友之间的想念。

一个小小的改变，是案头上那几本书带给我的思考，也是想要传递给孩子们的一份温情。

这本《唐诗三百首》也将在案头"常驻"。案头书是置于书桌案头、随时可以翻阅的书。你的书桌案头摆放了什么书呢？

邻居的窗

　　和一位老师聊天，她略有心急地表达着自己的情绪，觉得自己的心胸不够开阔，内心承受能力不足够大。在听到一些声音时，常常会怀疑自己，所以，也想到了想要逃避。

　　她的心情，我很理解，也能感同身受，因为她所经历的正是我曾经的过往。也或者说，很多人都会有这样的过往，或正在经历这样的当下。聊天的最后，我们把话题锁在了自己的身上。她说，她佩服我的心胸开阔和这一路走来的成长；而我也表示羡慕她的生活，让她可以有更多的选择。似乎，我们总是习惯这样，很羡慕身边人所拥有的，却从未发现自己也正在被对方羡慕着。

　　前段时间看过一个短片《邻居的窗》，20分钟时长的片子，却折射出许多哲思。短片的故事是这样的：

　　已有两个孩子的家庭主妇艾丽每天挺着大肚子围着老公、孩子忙得团团转，操持着永远也干不完的家务，时常会累得想发火，而老公却大大咧咧……一天，她和老公意外发现，对面楼的公寓里新搬来了一对夫妻。他们恩爱热情，令人羡慕。不久，艾丽迎来了第三个孩子，变得更加忙碌和疲惫了。常常为三个孩子忙得焦头烂额的她，有时压不住火气，对老公大发一通脾气。而此时，透过窗子向对面望去，却看到办舞会、尽情享乐的画面。好像，他们永远都不用为生活所烦恼，日子也过得热烈欢快，很是令人向往。仅是一栋楼之隔，生活却好像隔着两个世界。

忽然有一天，艾丽发现对面消失了一段时间的男邻居剃了光头，虚弱地躺在床上。再不久，家人朋友一一和他告别，男邻居去世了，被抬走了……艾丽慌忙跑下楼，却看到了伤心哭泣的女邻居。她正试图安慰，却被女邻居一眼认了出来，并问她："你是住在对面那栋楼上吗？你有一个女儿、一个儿子，还有一个小婴儿，你的孩子们好可爱。我丈夫一直病得很重，我们会从窗户望过去，看看你的孩子，还有你的丈夫，有时候也会聊一聊你们是如何喂小宝宝的。"女邻居话语里满是羡慕，说到痛处竟哭到说不出话……

直到此时，艾丽才明白，原来自己觉得鸡飞狗跳的生活却是邻居夫妻俩羡慕而又遥不可及的幸福。他们羡慕艾丽有三个可爱的孩子，羡慕艾丽夫妻结婚多年依然相伴相守。而他们，再也没有机会了……影片的结束，是艾丽的老公带着三个孩子外出游玩回来，而艾丽则在家里沙发上休息整理。一家人其乐融融，无比美好。

两扇窗户，两户人家，截然不同的生活，截然相反的人生。那些我们看似美好而又羡慕的生活，真的只是我们幻想中的样子。却不曾得知，我们看似鸡飞狗跳的当下，也正是他人所羡慕的生活。

生活不在别处，幸福始于自身。生活中，我们不免羡慕他人，但也别忘了，自己窗户里的生活才是真实的。

不给他人添麻烦

写下"不给他人添麻烦"这几个字的时候，脑海中出现一幅画面：南师大心理学院报告厅内，赵凯教授慷慨激昂地为艾瑞德教师做着报告。

一上午的讲座，赵凯教授都在激情澎湃中进行。当时，很多人被他在课堂上的状态所吸引，也把坐在台下听讲的我们重新唤醒了起来。试着回想，我们的教育生涯是怎么走过来的？当面对课堂时，我们又是如何做准备工作的呢？当我们陷入在这样的反思中的时候，却被他的另一种行为所震撼！为了讲座 PPT 的正常播放，他携带了自己的电脑，以免转换电脑时格式的不协调导致讲座受影响；为了不给别人添麻烦，他亲自携带了电脑连接投影的转换接头；为了不给别人添麻烦，他亲自准备了翻页笔、U 盘备份、各种连接线，等等。尽管这些配件，小报告厅内都有，但他依然亲自准备一套。在准备这些的背后，是他不给他人添麻烦的初心。在最后的分享中，我们得知这是赵凯教授一贯的作风。这个举动带给我们的启发比课堂上丰富的内容还要受用。

我应朋友邀请，为她们的老师分享一些成长心得。在做前期准备工作的时候，赵凯老师的行为在我的脑海中挥之不去，"不给他人添麻烦"，我该如何做呢？我试着带着这种心态开始付诸行动。所有需要的道具物品，自己都提前准备好，并分类打包进行整理。临行前，和好友碰头，商讨如何把准备工作做得更加完善。我们带了自己的电脑，好友特地准备了投影转换器，我们还一致决定带上了翻页笔。当这一切都列入我们的计划中时，后面的一切就自然而然有序进行着。

其实，在深入思考的过程中，细数自己走过来的路，遇到的不同群体的人，有此认知的似乎并不多见。但似乎也有一个群体在这些方面做得很好，那就是日本人。有幸于前几年走进日本交流学习，领队的导游以及我们切身走入日本文化时，惊喜地发现，日本人似乎有着一颗不愿给别人添麻烦的心。也让我想到了一句话："播种一种行动，收获一种习惯；播种一种习惯，收获一种性格；播下一种性格，收获一种命运。"细细品来，也确实是如此。

"不给他人添麻烦"起初就是小小的萌芽，当遇到一些时刻时，这些小萌芽就变成了一种行动。透过这次的行动，似乎觉得拥有这样一个习惯似乎是一件蛮好的事情。未来，这个习惯会带给我们什么样的成长不可而知，但无论怎样，都应该会朝着好的方向去发展吧！也期待着这样一个小小的举动会给我们带来一些不一样的成长。

不给他人添麻烦，或许是一种美德，或许是一种修养，谨记之。

用态度铺设前奏

在李建华校长办公室开碰头会时，距离一学期的总结大会还有 19 个小时。期末总结大会是每个学期的惯例，本没有什么特殊的，但我内心忐忑无比。只因为在总结大会上会有各部门的工作总结汇报。

工作总结汇报也是总结大会的惯有条目，没什么意外的，但因未准备好便慌了心。心慌，只因为距离登台仅有 19 个小时，而要分享的 PPT 还在酝酿中。会议结束已是下午 2 点之后，又 1 个小时就这么毫不留情面地悄悄溜走，无论你是否多么需要它能驻足。当忙碌完了手头上的工作，坐进办公室时，已是下午 3 点半。掐指一算，距离登台仅剩 16 个小时。

坐在办公室里，梳理起这个学期里的点点滴滴，不免几度哽咽。这个学期，我们开始"艰难"。一场疫情让 2020 年的打开方式与以往大不同，而随之而来的，是我们本学期的打开方式也与过往有了 180 度的大反转。居家隔离，停课停学，课堂搬至了线上，相见成了遥望。在这样的打开方式下，家成了工作场所，客厅、卧室成了教学之地。尽管条件艰苦，但每个人的脚步都不曾停歇。一路走来，披荆斩棘，攻坚克难，让灾难成为教学案例。这一路走来，步履不停，乘风破浪，让前进的脚步不停歇。走至今天，这一路实属不易。

画面在脑海里打架，条理在大脑里撞车，该说什么？该分享什么？该如何抉择？只有 15 分钟的分享是不能把背后的艰辛、面临的挑战、踏过的泥泞全部展示与众的。

不禁再次陷入了难过。直到晚上 7：00，整个分享的思路还未最终定稿。但是我不能再这么"耗"下去了。调整思路，走出办公室，决定拿"态度"铺设前奏。离学校不远处的商业红人街是装扮态度的首选，一来因为离得近，二来想要的也都能满足。

态度 1：剪个新发型，态度从头开始。

过往，每次分享前，都会和刘浩然校助研讨衣服的搭配，还会到理发店里走一圈，或剪个新发型，或吹个新造型。今天，态度来凑的第一步，也选择为自己换个新发型。

走进常进的理发店，坐在熟悉的剪发椅上，当理发师问剪什么价位时，我脱口而出："今天，剪你们店最贵的！"

诚然，我也知道，最贵的并不代表就是适合的；但，我愿用"最贵"匹配见证的每一位。

态度 2：买套新衣服，皮囊走向精致。

素日里，与大家相见在校园的角角落落，彼此模样，早已心中有"数"。迎来登台，也迎来了万众瞩目，看似仅是从台下走上台上，却也是从身边走向"心里"。没有办法更改模样，却有机会调整皮囊。精致的皮囊是彼此印象的高光。我愿用这样的方式走进每一位聆听者的心里。剪了新发型，置办了新衣服，也让原本忐忑不安的心沉着落地。

分享不够，态度来凑。态度是一切事物的垫脚石，有了好的态度，也期望会有美好的开始。

拼吗？拼！值吗？值！

人生需要不断的拼搏，在拼搏中奋起！

2018 年 11 月 19 日 8：30，在艾瑞德国际学校的报告厅里，我们迎来了无比尊贵的客人——教育家魏书生先生。伴随着他的到来，报告厅里也开启了新一场的专家讲学活动。站在讲台上的他没有用 PPT，也没有座椅，一上午 3 个多小时的报告不曾有一分钟的停歇，让台下的听众意犹未尽。被深深吸引的，有魏书生先生的讲座内容，句句经典，句句入心；有魏先生的讲座风格，边演边讲，总能带给人亲切感，当然，还有一个又一个生动的故事，带领着我们走进一个又一个画面。若问我还有什么，我一定会回答：还有对魏先生深深的敬佩感！

说起敬佩感，要从昨天夜里到今日凌晨的故事说起了。昨天晚上，我从深圳飞回郑州，立即打开手机向龚校报告落地的消息，不料却看到他发出了这样的一条信息："接机人员刚从学校出发前往机场接魏书生先生，王彦月园长已着陆新郑机场，李建华校长还有一个小时到达郑州东站！让我们心中默默祝福，一切顺利圆满！"是的，凌晨的郑州城里正在上演着这样的一幕幕。随即，和深圳的朋友汇报我已落地郑州，请勿挂念，不料朋友回了这样几个字：你太拼了！我回了一句：很多比我优秀的人此刻都还拼搏在路上！

在苏州参加《江苏教育》"教海深航"30 年回顾与展望活动的李建华校长，为迎接魏先生的到来，连夜乘车赶回郑州，四过家门而不入。张书宏校长赶往机场迎接将于凌晨 1：00 落地、上午 8：30 准时给我们做报告的魏先生。他们拼吗？唯有一个字可以回答："拼！"如此拼搏的夜晚，如此拼搏的人们，却丝毫没有辛苦之言，丝毫没有停止脚步。我的这点儿拼与他（她）们相比起来又算得了什么呢？

午饭时间，大家纷纷问我一个问题，你不是今天上午回来吗？怎么昨天夜里回来了？为了回来听这一场报告吗？我的回答：是的！尽管改签机票，导致我的归途很紧张，昨天夜里只睡了 4 个小时，但若问我，值吗？我的回答一定是：值！

人生在于不断地拼，不断地搏。因为只有在不断拼搏的路上，我们才可能遇见更好的自己以及更好的他人！正如今天魏老师在讲座中说到的"不攀不比　超越自己""脚踏实地　自强不息"一样，在拼搏的路上，我们要做的就是不断超越自己！

在能拼、可以拼、有资本拼的时间里，拼一拼吧！拼过之后，也一定会发现：值！

间歇性努力

一位许久未联系的朋友发来了信息，信息中表达了两层意思：1. 坚持关注我的写作公众号，表达一份祝福与佩服；2. 自己的写作断断续续，虽也写了过百篇，但收效甚微。所以，她很苦恼。她的苦恼，我很理解，并有深刻的感同身受。因为，在我的身上也发生过类似的事件。

一年半之前，校园刮起了"阅读打卡"风。一段"【燃梦·艾悦读】（始于20××年×月×日）我是艾瑞德国际学校教师×××，我在坚持燃梦行动，打卡：第×天，（第×本），书目：读《××××××》，用时：×分钟，进度：×××–×××"的文字在艾瑞德人的朋友圈里迅速弥漫开来。

伴着这股打卡风，我也开始了自己的阅读打卡。一开始，信心满满，每天坚持阅读并持续打卡，但没过多久，就有了偷懒迹象。"今天太忙了，没时间阅读，算了吧，反正少一天也没啥。""昨天读书了，但忘记打卡了，忘了就忘了吧。"就这样，各种理由搪塞心底，阅读打卡也成了"有一搭没一搭"的坚持。久而久之，索性也把打卡这件事抛至了九霄云外。当有一天，看到朋友圈里有人阅读打卡到了365天时，才恍然大悟，原来我错过了一年的阅读好时光。

回首那一年走过的阅读之路，因为没有日日坚持打卡，读书自然也打了折。在梳理过往一年阅读书目时，竟然比身边的朋友少了一大半。同样的一年时光，同样的坚持阅读，因为努力不同，结果自然也不相同。那时候，我也忽然明白，日日坚持与间歇性坚持是有着天壤之别的。

所以，当收到朋友信息的那一刻，我也回了一则信息给她："间歇性努力与持久坚持是两个概念。"看似同样长的一段时光，看似做着相同的事，看似我们都有着所谓的坚持，但结果会告诉我们其间存在的差异。其实，在我们的日常生活中，类似我俩这样的现象不在少数。

有人兴致勃勃地办了张健身卡，下定决心要好好健身。一开始充满了激情，下班再累都要奔跑至健身房。一段时间的坚持，体重有了数字上的下降，体形也在向着自己心仪的状态发展，于是便开始了对自我的奖励。或饱餐一顿美食，或以忙为借口给自己放个假。

一次的偷懒，让自己有了侥幸心理，所以，偷懒的次数也随之增多。直至健身卡到了期限，自己也没有收到满意的收效。这就是所谓的间歇性努力。其实，想要打破间歇性努力带来的"枷锁"也很简单，那就是坚持做一个持久性坚持者。

从认识到这个问题的那天起，我重新开始了自己的阅读打卡，每天坚持阅读，每天坚持打卡。走至今日已有100多天，这100多天里，读书这件事已成了生活的必需，也让自己的阅读有了新的突破。

我把自己的经验分享给了朋友，并祝福她早日从间歇性努力走向一名持久性坚持者。

○ 花的念想：幼儿园里的小美好 ●

厨房里的哲学

说到厨房，不知大家会想到什么？锅碗瓢盆？油盐酱醋？五谷杂粮？各种食材？抑或某种喜爱的美食？在我看来，小小的厨房里有着大大的天地。从厨房里的点点滴滴出发，延伸至工作、生活中的哲学，有着极其微妙的关系。在此罗列3种：

食材。说起厨房里的食材选择，不得不面对两个问题：目标清晰，合理搭配。比如，今天想要吃红烧肉，那么食材的选择上就要挑选上好的五花肉，而主食的搭配，米饭最为适宜。再比如说，想吃酸菜鱼，那么就要买鱼；在配料的搭配上，就一定不能少了酸菜。

面对食材的选择问题，也让我联想到了园所的招生。对于一所民办学校而言，招生是件大事。所以，在"选材"的源头把好关，很有必要。那么，从食材到招生，需要转换的命题又是什么呢？我认为，拥有共识、比例协调很有必要。

拥有共识，是指家长的教育追求与园所的办学理念、价值追求一致。比例协调，是指招收学生男女比例比较合理。还记得几年前的幼儿园里，90%的班级都是一种男多女少的比例失衡状态，其中最严重的，当数一个班级的20个孩子中有18个都是男生。这样的比例失衡带来的是家长的焦虑、老师工作的强度大、班级环境过于嘈杂。所以，当我们拥有了选择生源的权利，比例协调也成了重要的衡量依据。

从食材到招生，选择无处不在，也就要求我们要思考选择的意义。

火候。厨房里的火候是决定一个菜品口味的关键。合理把握时间点很有必要。如何在火候的时间点上合理把握？有两个决定性的因素：恰到好处，因菜而异。恰到好处：长了失味，短了不熟。因菜而异：把握需求，清晰认知。拿红焖羊肉和红薯丸子来说吧！红焖羊肉需要文火炖煮40分钟，口味才恰到好处。红薯丸子则对油温的把控提出了要求：油太热，容易炸煳；油不热，炸出的丸子偏硬。所以，对于每道菜的火候，我们需要有提前预知的能力。

在这份提前预知的思考中，我联想到了园所发展的预知。每一所幼儿园、每一个学校，在发展的不同阶段都有着不同的命题需要去解决和完成。发展预知是管理中一项非常重要的能力。

最近，结合幼儿园发展现状，我们也在思考一些命题：我们拿什么来支撑更加高昂的学费？有哪些工作还可以做得更好？我们的课程还可以有哪些突破？我们的环境如何更具儿童立场？

基于这样的发展预知，我们也总结梳理出了班级管理艺术、校园安全保障、构建样板课堂、打造会说话的环境等清晰认知。我们也研讨出了发展路径：想要抵达理想地，从当下的瞬间起航。

烹饪方式。中国菜系四通八达，烹饪方式自然也多种多样；但无论如何，都要遵循这样两个原则：菜的属性、口味需求。就大白菜和萝卜而言，可炒、可炖、可腌制，这是菜自身的属性。在幼儿园的实验中得出最受欢迎的做法是韩式辣白菜、油泼萝卜丝。这样的结论来源于吃菜人的口味需求。所以，就一道菜而言，"谁来品尝"是烹饪方式的决定性因素。从一道菜的烹饪方式看幼儿教育，我们也在寻觅，寻觅谁才是品尝菜的主角。答案显而易见：儿童。

当明确了这一属性，也就找到了判断依据，基于此，小班组在12月8

日为孩子们筹划了入园百日宴，幼儿园的走廊上也堆砌上了孩子们喜欢的乐高墙等等。致力于，用每一份用心托起生命的美丽。

　　厨房里的瓶瓶罐罐、五谷杂粮，看似鸡毛蒜皮，实则有着深深的哲学道理。厨房无小事，事事有哲理。

探寻英式教育

伊顿公学、哈罗公学是闻名于世界的英国教育学府。有幸走进哈罗公学，触摸拥有 400 多年历史的教育圣地，幸哉！

哈罗公学（Harrow School）位于伦敦的西北角，是英国历史悠久的著名公学之一，与伊顿公学、温切斯特、威斯敏斯特齐名。哈罗公学由当地的一个农民约翰·里昂于 1572 年创建，最初的目的是为当地的男童提供受教育的机会。经过几百年的发展与演变，今天的哈罗公学是英国最负盛名的私立学校之一，入读的多为本地区以外的富家子弟。

接待我们的是一位 70 余岁的太太，她曾在哈罗工作过，退休后自愿回到哈罗做一些事情，一上午的讲解和参观，太太用心地传递着公学的点滴，话语间，透着她对哈罗的情怀。从拥有 300 多年历史的演讲厅开始，太太带我们一点儿一点儿走近哈罗公学的"曾经"。坐在拥有 300 多年历史的演讲厅里，品味着满满的历史年轮，无限感慨。

走在哈罗公学的校园里，随处可见哈罗学子的身影，整齐的西服、头戴或手拿硬草帽，哈罗学子形象深深印入脑海中……

跟随太太的脚步，我们来到了哈罗公学最古老的教室里。教室的场景、椅子等丝毫未曾改变过，墙上、椅子上到处是曾在这里走过的学子刻下的名字印记。坐在这间小小的教室里，脑海中浮现出《哈利波特》里老师在给孩子们上课的一幕，那个场景正是这间教室，熟悉的场景，熟悉的一切！聆听着太太讲述这里曾经发生的点滴故事，如数家珍。

哈罗公学起始是一所男校，学生是男的，老师是男的，餐厅、宿舍等所有师傅也都是男的。在这里，非常注重孩子们的体育活动，拥有 6000 亩的校园里，高尔夫球场、曲棍球场等运动场地应有尽有。令我们吃惊的是学校的教堂，走进教堂，神圣感油然而生。据带我们参观的太太介绍，学校内的孩子们每周都会来这里一次，静静坐下来思考，给心灵一次洗涤。

两个小时的走访，让我们对哈罗公学有了更深的敬畏感，对身边带我们参观的太太也充满了敬意，但愿有缘，还可以触摸哈罗公学的温度，感知每一把椅子、每一间教室、每一个名字背后的故事！

走进哈罗公学，走进一部英国教育发展史……

触摸俄式教育脉搏

游走在圣彼得堡的大街小巷、各大历史景点之中，感受着浓浓的俄罗斯历史文化，也追寻着历史的印记。在游走中，总有一种熟悉的场景在身边浮现，而这种场景于我而言，是再熟悉不过的了。这样的场景是由老师带着一些孩子穿梭于各种各样的景点之中。他们边走边讲，边走边看，老师讲得用情，孩子听得投入。

初见此景时，曾在心中默默地为他们捏一把汗：孩子们穿梭于游客这么多的景点之中，难道不担心出现突发状况吗？带着疑问，驻足对他们观察了一番。在老师的带领之下，孩子们游走在不同的景区之中，虽然景区人员杂乱，但人家的工作也做得足，孩子们穿有明显标志的衣服，时刻不离老师的视线，使出行变得省心不少。在老师的带领之下，孩子们认识不同的建筑，也触摸这座城市历史的脉搏，更有很多历史景点在固定的地方安排了专门的座位，以供孩子们来到这里时坐下来上历史课。这样贴心的举动确实也为孩子们触摸历史的脉搏提供了不少的方便。

这样的景象很多，基本上走过的地方都曾有遇到过孩子们的身影，也终于在参访 574 号学校时知晓了其中的奥秘。在与 574 号学校校长的交流中得知，俄罗斯的教育中有个很重要的板块，就是带孩子们走出去。依据孩子年龄的不同，走出去的次数逐渐调整，最少的也要每个月出去一次，

○ 花的念想：幼儿园里的小美好 ●

可以到历史古迹，也可以到城市的各个地方，为的就是让孩子和生活的城市有更多的链接。

得知此真相，心中颇有几分触动，想起了远在近万里之外的瑞德孩子们。在艾瑞德，带孩子们去触摸城市的脉搏，走进不同的基地，已经是我们的常态。透过朋友圈，带领着孩子们走进动物园游一圈、走进田园校区亲近大自然、走进公交调度站学习生活小技能等美好的场景体验。

走出去，孩子们在与大自然对话；走出去，孩子们在与真实的生活技能交流；走出去，孩子们也感受着真实。

更有艾瑞德教育的六个一：

露过一次营

穿过一条谷

经历一种爱

访过一座城

蹚过一条河

翻过一座山

皆在为了让孩子在学校学习期间增加一些不同于读书的经历。

所以，这几天在俄罗斯街头各大景点内看到的那些似曾熟悉的景象，正是往日里我们生活中的缩影，倍感亲切，倍感熟悉。

1000 天

　　1000 天，两年近 9 个月的日夜。蓦然回首中，你会想到哪个瞬间？于我而言，此刻的回首中，每一个日常都历历在目。这样的"任性"，是源于一份日精进打卡的坚持。如果说 2021 年的开始，大家用一朵小红花作为鼓励的话，那么此刻的我愿选择送自己一束大红花。因为，1000 个日夜里的坚持，值得！坚持的意义有很多种，但最重要的，或许就是坚持的本身！

　　源于一份"跟风"的精进打卡，却也跟出了自己的一片文字海。跟风没有好坏，坚持下去才会有美好的结果。1000 个日夜里，尝遍了与 24 小时中的任何一个小时携手共码文字的艰辛，却也在 1000 天到来的这一刻，满是欣慰与快乐。

　　凌晨 1 点，半睡半醒，被自己未完成写作而惊醒，打开电脑，便是一顿敲。

　　凌晨 3 点，生病不舒服，起床吃完药后久久不能入眠，干脆起床写下只言片语。

　　清晨 5 点的闹钟响起，一骨碌爬起床，第一件事就是完成缺席的打卡，好让上班时"一身轻"。月子里，趁着孩子睡着的间隙在一个本子上奋笔疾书，生怕我还没写完，他就醒过来。外出旅行，深夜 12 点，哄睡了孩子们，一个人躲在卫生间里悄悄码字，无论脚步如何变换，坚持写作的指尖

　　　　　　　　　　○　花的念想：幼儿园里的小美好　　●

不能停。

1000 个日夜里的精进，如一把雕刻的刀具将自己的文字反复雕琢。也才有了站在 1000 天的此刻，痛并快乐着！1000 天，128 万字，是结果，也是花朵。结果是坚持的累加，花朵是生命的灿烂。

未写时，不知道 1000 天后会是什么样子；写过时，1000 天的坚持又何止 128 万字的收获？未开始坚持时，觉得很难，坚持走过后，却发现坚持好酷！

在这 1000 天里，身边曾出现过不少声音：你对自己太狠了！太佩服你的坚持了！狠也好，佩服也罢，是一种心疼，也是一种鼓励，更是一路前行走下去的源泉与动力。

但我也想说，能有今日的 1000 天，是源于一份席卷、一份同行、一份相互加油打气。以李建华校长为首，坚持写作在艾瑞德的校园里掀起了一阵龙卷风，这股风将校园里的每一个人席卷，并持续发力。作为其中的一员，随风起舞、随风向前，同行路上不孤单。

这 1000 天里，身边有太多的人给予了鼓励。曾不止一次和同是日更的陈琳主任相约停笔，奈何，每次的最后，都会以相互加油打气结束，从而再次开始打鸡血一样的码字。后勤中心主任赵宗新，数次校园相见，均以阅读者的姿态勉励日精进小文，大到持续坚持日更的佩服，小到文中写到的每一个故事，他都信手拈来。这份持续鼓励，如加油泵、充气筒一般，一次一次将即将泄气的身体加满油、打满气。

上海浦东干部学院李冲锋博士是我们写作的燃梦人，这 1000 天里，他持续关注着我们的坚持，并将这份坚持带给了更多我们从未谋面的人。这是一份莫大的肯定与鼓励，更是持续坚持的动力。还有很多极少谋面或从未谋面的关注者，在不同的地点、不同的方向做着持续地关注，他们亦是我坚持的原动力。

君问止期未有期，共写坚持每一日！

『艾瑞德岁末盘点·字述 2019』

年末岁尾，总是一个令人无限回味的时刻

回味这一年，走过的那些路

回味这一年，遇到的那些人

回味这一年，邂逅的那些事

回味这一年，经历的那岁月

仿佛也只有如此，才算是一年的完整和圆满

    2019 年底，学期末的氛围在学校里的各个角落里飘散着，而一年来的点点滴滴也浮现翩翩。

站

第一篇，借以"站"来细数一下，我们走过的 2019 年里藏着哪些岁月故事。

如果说，从 2017 年 9 月起，一次又一次看着李建华校长站在台上侃侃而谈，让大家心生"羡慕"；那么，2019 年，团队里则有了更多人拥有了令他人"羡慕"的样子。

记得 2018 年的那个冬天，李建华校长带领刘浩然、陈琳、翁文千、赵宗新一行前往江苏睢宁县讲学，那是学校的老师们第一次拥有如此"大"的舞台，除却当时前往的人员之外，校园里也引起了一段不小的沸腾。回首 2019 年才发现，睢宁的那个舞台仅是个开始。

细数 2019 年的台子，实属不少：每周四的行政会，站在台前的分享；接二连三的接待团，而每一次，都会有舞台搭建；6 月新生家长课堂时，有不少老师干部站上去讲；8 月的暑假里，艾瑞德承接下了周口西华县为期 3 天的培训，刘浩然、陈琳等又一次站到了台上；10 月，河南省民办中小学学校文化与课程管理培训班在艾瑞德举行，搭起来的台子上，有艾瑞德人的声音及表达；11 月的珠海教博会，有了艾瑞德的台子；12 月初的成都，第六届教育创新年会，有了艾瑞德的声音及舞台；12 月 20—21 日的中层领导力峰会，在艾瑞德举行，这个舞台，属于艾瑞德人。而除此之外，学校里每周进行的教研会议、每月进行的分享等，也在校园的各个地方搭建着舞台。

有了舞台，就要有站上去的人。细数 2019 年，除却台上的"顶梁柱"李校长外，艾瑞德团队里有了更多的人"站"了上去。站上去，就是一场与舞台的较量。从一说上台就犯"帕金森"到站上去可以从容表达，只因为，站上去的次数多了。从"为什么是我"的反应，到"好的，我会认真准备"，是因为，站上去无须恐惧。站上去，更多人有了别样的精彩。

随着舞台的增多，站上舞台的人数也在不断地增加。聚光灯下，舞台之上，从校长到中层，到教研组长，再到一线老师，甚至后勤工作者，人员范围不断在增大，也让更多人有了站上去的勇气。

记得中层领导力峰会上，石鹤老师侃侃而谈，讲述自己在一次又一次站上去的舞台之上突破着自己，也战胜着自己；也看着赵宗新主任一路走来，在大大小小的舞台之上将后勤管理带向更多人的身旁；更有，在高培丽馆长的文章中读到，有不少来宾赞叹"艾瑞德人真能讲"，而殊不知，这份"能讲"，也是因为"站"得多了。拥有了更多可站的舞台，也让更多的人在站上去后有了突破和成长。

这个 2019 年，站的台子多了，站的人也多了，站出来的"羡慕"也多了，挺好！

绽

第二篇，以《绽》为题，继续回眸 2019 年，细数一下我们走过的那些岁月故事。

于艾瑞德教育而言，2019 年是绽放的一年。在这一年里，艾瑞德教育走向了郑州惠济区、郑州东区、周口西华县，让更多的人们听到了艾瑞德的声音，嗅到了艾瑞德的味道，品到了艾瑞德教育的美好。而这样的绽放不是一蹴而就的。

早在 2011 年，艾瑞德第一所幼儿园创建。于毫无幼儿园相关经验的孙银峰董事长而言，这是一个全新的开始，也是一段全新的尝试，更是一个不小的挑战。

8 年了，艾瑞德幼儿园从零起步，点滴触摸，潜心钻研。走过的每一步，都是为此刻的绽放在蓄积能量，而每一点的积累和突破也都是为今年的绽放夯实脚步。从最初的摸着石头过河，到后来的课程体系构建，也真是应了鲁迅先生那句话："世界上本没有路，走的多了就有了路。"走至今天，再回眸时，蓦然发现，艾瑞德人走出来的教育路清晰可见。

回首这一年：

3 月，艾瑞德幼教事业外拓团队成立。这是走上绽放之路的起点。

4 月，澜庭叙、西华双双启动，一起从艾瑞德带走的，还有那 8 年来的积累和沉淀。

5月，总园管理的输出、课程的切入，还有艾瑞德教育的一切资源，均与各分园共享。

6月，几所幼儿园新团队的组建，也让更多的幼教人成了"艾瑞德人"。

7～8月，不同的地点，不同的方位，相同的是，艾瑞德教育正在走向更多孩子、更多家庭的身边。

9月，澜庭叙的开园，让艾瑞德幼教点亮郑州惠济区。

10月，西华艾瑞德开园，让艾瑞德幼教点亮周口西华县。

这样的一年，是奔波忙碌的一年，是一群人不辞辛劳的一年，亦是艾瑞德幼教精彩绽放的一年。站在此刻的岁末，回首这一切的一切，不禁再次品味走过的那8年。在不曾起舞的日子里，在沉默不语的时光里，我们从未停止前进的脚步，在那些日子里，艾瑞德人都在做一件事：向下扎根！

我们对于幼教的认识多一些，根就扎得深一些；我们对于幼教的尝试多一些，根就扎得实一些。花儿的绽放，看起来是静止和无声无息的，实则，是藏在泥土里的根在不断地输送能量。艾瑞德的绽放，看似是水到渠成的花儿朵朵，实则，是过往日子里默默付出的辛勤耕耘。

忙碌2019，充实2019，精彩2019，绽放2019！

盏

第三篇，以《盏》为题，继续回眸2019，细数一下我们走过的那些岁月故事。

名师如灯，点亮前方之路。回眸2019，在我们的校园里，迎来了一盏又一盏的名师之灯。每一次的迎来，也不仅仅停留在迎来那么简单而已，就此掀起的，还有发生在这里的温暖故事。

3月14日，中国蒲公英教育智库李斌总裁应李建华校长之邀到学校调研。那是春色还未到来的季节，在沉睡中未苏醒的田园校区里，李斌总裁种下了一棵果树。艾瑞德与蒲公英的美好就此开启。

不久之后，蒲公英教育智库旗下的新校长杂志，在全国300余所学校里寻求中层领导力的样板学校，几经筛选，最终将目标锁定在了艾瑞德。于是，6月初，原蒲公英教育智库刘泱主编，走进并驻扎艾瑞德校园近一周，开启了采访。校园里流淌出来的温度故事给刘泱主编笔尖提供了丰富的素材，文字里，讲述了这所学校里的日常生态。10月，以"中层领导力"为话题，近两万字的采访报道，登上了新校长杂志10月刊，李建华校长成了那一期的封面人物。

至此，这场相遇后的故事，还没有结束。12月4日，由蒲公英教育智库主办的中国第六届教育创新年会在成都举行，李校长被邀约为主论坛发言人，做 18 分钟分享，将艾瑞德的声音带至更多人。在主论坛之后，艾瑞德还有一个学习点的交流与分享，31 号会客厅里济济一堂。12 月 20—21日，由蒲公英教育智库主办的中层领导力封面学校研学在我校学术报告厅进行，艾瑞德十余位中层干部做主题交流与分享。

这一连串的美好皆因 3 月初与李斌总裁的那场相遇与走近。这一年，于艾瑞德而言，蒲公英教育智库仿若一盏灯，点亮了艾瑞德教育，让更多人看到了艾瑞德教育之光。这一年，于艾瑞德人而言，李斌总裁宛若一盏明灯，指引着大家前行的方向，也点亮每个人的点点梦想。每一个来到艾瑞德的名师专家都如一盏明灯一样，照亮了一片又一片原本没有光亮的方向。

4 月 22 日，顾明远先生、郭华教授一行的到来，一句"种地就是种德"的演讲，令我们对于一亩田的种植有了新的感触。5 月 23 日，李冲锋博士再次到来，除却"验收"过去一年里燃梦行动之后"写"的状况，也带来了全新的阅读打卡。自此，艾瑞德人的朋友圈里，开启了这样的一段话：

我是光荣的艾瑞德国际学校教师 ×××
我在践行燃梦行动
阅读打卡：第 × 天
阅读书目：《×××》
共计页数： 页
阅读时长：15 ～ 30 分钟
阅读进度：1 ～ 30 页

如果说，2018 年 5 月的相遇，李冲锋博士点亮了艾瑞德人的写作，那么，2019 年 5 月的这场相遇里，李冲锋博士如一盏强光灯，将艾瑞德人阅读这件事映照得更加明亮。

○ 花的念想：幼儿园里的小美好 ●

在这一年，长江学者李政涛博士 3 次走进艾瑞德，这盏明灯为艾瑞德田园教育的前行带来了新的方向和能量。在李政涛博士的建议下，"艾瑞德教育农场"正式更名为"田园校区"。从农场到校区，更改的是名字，其带来的是田园教育的悠远绵长。在与李政涛博士的交流中，我们重新梳理劳动教育，并迎来了"四园联动"的新样态。四园联动，即校园劳动、家园劳动、田园劳动、社区劳动。

当然，还有 8 月 24 日，成尚荣老师《做中国立德树人的好教师》的专题报告；郑州市教研室姬文广主任的到来及分享；10 月 12 日，徐加胜博士《教师与经典阅读》的交流分享，等等。

自 2017 年 9 月起，每月一期的名师大讲堂准时相约。两年多的时间过去了，相约的一个又一个名师如一盏又一盏的"名师之灯"照亮我们前行的方向。

每个人的心里都有一盏灯，等待着被点燃。每个人本身也是一盏灯，燃烧了自己，却能点亮更多人的前行路。

愿我们都能从"名师之灯"那里借光点亮自己，也能做一盏点亮他人的灯。

赞

第四篇，以《赞》为题，继续回眸 2019，细数一下我们走过的那些岁月故事。

"彦月，分享得真棒！"每次登台发言完之后，手机里都会收到李建华校长如此这般带有赞扬味道的信息。而这则信息不是我一个人的专属，因为，每一个登台的分享者都会收到！

看似一条极短的信息，其蕴藏着的力量却不容小觑。赞美的背后是看见。

餐厅里，用餐巾纸书写打卡的面点师傅得到了李校长亲自前往餐厅送去的赞扬；门卫室，阅读打卡书写校歌的刘再安师傅成了李校长一次又一次分享的案例，这是背后的赞扬。有时候，看似简短的一条信息，实则却有着十足的魅力。也因为这样的一条信息，为众多的老师送去了温暖和力量。因为看见，所以赞扬；因为赞扬，所以彼此美好！赞美是一剂良药。

每周四上午行政例会上的 TED 分享之后，会有同伴之间的微分享，在这样的微分享里，也会有众多的"表白"与"赞扬"，在这样的氛围里，我们品尝着赞扬他人的魅力，也收获着被赞扬的瑰丽。

记得在 2019 年 10 月 12 日，我在报告厅的舞台之上分享了观看电影《我和我的祖国》的感受，从舞台上下来之后，手机里就收到了来自李丹阳主任的信息，那是一则带有赞美的信息，一时间温暖了我整个的心房。我也尝试着在老师的每一次登台分享之后，发去一则带有赞扬味道的信息，努力把一份力量传递。我看到了老师们被赞扬之后的笑脸，听到了被赞扬之后的笑声，感受到了被赞扬的力量在悄然生长。

第一次登台分享的老师得到了一条信息的赞扬，曾被视若珍宝，截屏保存，并以此鼓励和勉励自己的每一次登台。第一次登台主持的老师得到了被肯定的赞扬，不再害怕与恐惧舞台。当赞扬成为一种习惯，赞扬与被赞扬的力量也在不断增大，赞扬的力量也走向了更多人的身边。赞美这剂良药抚慰温暖了太多人的心房。

赞美是一种美德。赞美是一份发自内心的欣赏与感动，是友善、鼓励与宽容。人无十全十美之人，事无万无一失之事。在人与事的交错纵横里，一份赞美、一份赞扬，让我们从"各美其美"走向"美美与共"。

艾瑞德人的朋友圈是赞美一片的朋友圈。朋友圈里，你转我，我转你，在转来转去里，力量在传播、赞美在传递。而这种力量也从老师们的身上传递至了孩子们的心里。瑞德宝宝、瑞德少年、瑞德精英、园长小助理、校长小助理、"艾"心志愿者等，在这些搭建起来的舞台之上托起着孩子的成长，一并托起的，还有一份为他人鼓掌的模样。学会欣赏他人长处，并为他人优秀鼓掌，何尝不是一种赞美！

赞美是一种优秀的品质，值得每个人拥有！

展

第五篇，以《展》为题，继续回眸 2019，细数一下我们走过的那些岁月故事。

儿童，是祖国的花朵；儿童，是祖国的未来；儿童的现在，承载着祖国的未来；儿童的发展，承载着祖国的希望。儿童、国家、未来，看似毫不相干的 3 个词语，实则有着丝丝缕缕的牵连。对于一个国家而言，留什么样的孩子给地球与留什么样的地球给孩子们同样重要。所以，儿童的现在所展示出来的一切，应是美好的、喜悦的、童趣的、本真的。值得欣慰的，艾瑞德校园里的孩子正是如此这般。

每周五，从上午至下午，从幼儿园到小学，从前楼到后楼，热闹非凡，欢笑声声延绵不断。幼儿园的音体教室里，准时相约的"展示与绽放"活动让孩子们有了聚在一起的理由，也展示着各自的不同。每当这个时候，从音体教室里传出来的欢笑声、鼓掌声，声声入耳，奏响曼妙的乐曲，也奏响曼妙的华章。

每周五中午，一号教学楼一楼大厅的展示区内，芝麻街总会准时相约。孩子们带着精心准备了一周或者几周的才艺，来到这个舞台之上尽情展示。如此这般的童真样态里，蕴藏着童年该有的模样，亦是将一份欢乐传递。这样的展示是常态。除此之外，孩子们还有机会通过绘制数学绘本、教育戏剧展演、课前三分钟演讲、讲解学校八大文化景观等方式来展示自己。

展示自己的过程，是自我认知的过程；展示自己的过程，是拔节成长的过程。

不同的台子之上，孩子们展示着自己，展示着班级，展示着学校。除却孩子们的外在展示之外，在成长的过程中所表现出来的状态也是值得关注和关心的。很多时候，我们会希望孩子们能够拥有舒展的状态。寻求中，也不难发现，舒展的状态时时在身边。

在郑州市将要迎来垃圾分类之前，孩子们一起学习关于垃圾分类的所有知识。从课堂到校园，从校园到家园，垃圾分类深入孩子们的内心，并带动着孩子们的行动。在办公室里，我看到了孩子们四处宣传垃圾分类相关知识时的状态，也看到了孩子们演绎垃圾分类情景剧时的状态。那是无比舒展的状态。

在凌晨3点，−3℃的寒冷清晨，学校里三年级的孩子们克服一切困难，行走在即将"醒来"的城市里，让爱与温暖传递，让一份温情传递。清晨，孩子们为环卫工人送去温暖，向公交车师傅道一声"辛苦了"，感受厨房师傅一大早的忙碌，亲临医院急救中心探秘……那时所展现出来的状态舒展而有力。

学校300亩的田园校区里，季节会变换，生态会变换，一亩田里的菜苗会变换，而不曾有变换的，是孩子们肆意奔跑的样子。

在关于田园校区的分享中，李娜主任曾说："对于成人的我们而言，田园校区里有童年时的样子，也有童年时的影子。"而现在，田园校区正在缔造着孩子们的童年里应该有的"舒展"。

展示，让孩童将美好传递；舒展，让孩童自然生长着。此刻，带上2019的力量展望未来，满是期待！

辗

第六篇，以《辗》为题，继续回眸 2019，细数一下我们走过的那些岁月故事。

在上海返回郑州的高铁上，陈琳主任在朋友圈发出了这样一则消息："沿着起起伏伏温柔的曲线，爱的中原爱的北国和江南，多情地陪伴，休问苦与甜，珍惜苍天恩赐金色的华年，一地肝胆，何惧辗转，豪情不变，年复一年，都为梦中的明天。"而伴随在这则信息左右的，是车窗外极速而过的风景以及 2019 年最后一次外出学习的结束。这份结束里，也是这一年辗转的终结。

辗，意指车轮转动，而随着车轮转动而一起来的，则是奔走于四方的脚步。

从前，出门坐马车，车轮滚滚向前，而今天，高铁飞机，缩短了辗转时间。回首间发现，脚步的辗转，频频相见。

席卷的辗转

自 2018 年 7 月开始，为期 3 年的师范类院校进修培训纳入了艾瑞德教师的成长计划之中。

○ 花的念想：幼儿园里的小美好 ●

2018 年 7 月 1—5 日，南京师范大学校园里，60 余位教师开启了为期一周的"学生"生活，充实的学习，丰富的一周，那是幸福席卷的开始。

2019 年 7 月 2—6 日，北京师范大学京师学堂内，近 70 名教师继续做回幸福的学生。而在还未到来的 2020 年 7 月 1—5 日，与上海华东师范大学的相约，是计划内的第三步，这一步早已令待出发的老师们兴奋不已。

这样的 3 年，是成长拔节的 3 年，是奔波辗转的 3 年，更是幸福席卷的 3 年。

行走的辗转

农历正月十二，在孙银峰董事长及李建华校长的带领之下，中层管理干部齐齐出发，走进兰考县，学习焦裕禄精神，许下新一年的愿望。那一天是这一年辗转的开始。

3 月的加拿大，寒意依然，却抵挡不住瑞德大使前行的脚步。由 40 余名学生及 5 位老师组成的访问团如约抵达冰天雪地的加拿大，并在那里开启了为期两周的插班学习与交流。走出了国界，触摸感知不同的教育味道，为孩子们心中种下梦想的种子。

4 月的日本、澳大利亚、韩国，让艾瑞德教育人探寻不同国界教育的样子，感受丰富多彩的教育文化。

5 月的扬州，携带艾瑞德教育之声的代表团，受邀参加 2019 新儿童教育年度峰会。

6 月，瑞德学子行走于安阳、南阳、北京、绍兴、南京等地，感受领略厚重的文化，寻找历史的印记，触摸科技的发达，体悟江南风情。

8 月的新乡、9 月的俄罗斯、10 月的中国台湾、11 月的珠海、12 月的成都，每个月的行走，每一次的辗转，走出去的是不同的人，凝聚的却是紧紧靠在一起的心。

来往中辗转

这一年里，我们有太多次的走出去，也有着不少数的带回来。辗转中，我们将瑞德教育带至了更多人的身边，也从每一个辗转走进来的人身上获得收获。

这一年来，我们迎来了不少辗转而来的学习者，他们用自己的脚步寻求着想要找到的答案。我们也走向了更多想要触摸的地方及名师身旁，试图遇见我们的答案。

一来一往中，来来往往中，辗转了时光，丰富了行囊。此刻，在 2019 年将要挥手作别时，回首这一年的辗转时光，只想说：2019 年，瑞德这群人带着干粮，辗转于天南海北寻师问道，我们试图乘着"马车"去，却载着满车收获回。

同时，也有像顾明远先生、李政涛教授等前辈辗转到了中原，带来了一篮又一篮的神奇，让年轻的我们也感受了一次又一次别样的安排。

现在的辗转，是为了未来的少辗转；白日的辗转辛苦，是为了减少夜里的辗转难眠。愿 2019 年辗转的我们，有收获，有成长！

崭

第七篇，以《崭》为题，挥别 2019，开启崭新的一年。

崭，有两层意思：一个意为"斩去"，意指和过去或者寓意不好的事物作别；另一个意为"崭新"，意指全新的开始与启航。以"崭"为题，写下 2019 年至 2020 年跨越的小文，也是想要表达以上两层意思。

写下这篇文字的时间，是 2019 年 12 月 31 日。2019 年的最后一天，为过往的 2019 年画上了句号，用"斩"表达被时间斩去的时光，好的、不好的，喜悦的、悲伤的，统统作别。当这篇文章发出时，时间已经如约来到了 2020 年的第一天。这是崭新的一天，这也是崭新的一年，充满着崭新的未知。用"崭"表达期待着的、憧憬着的美好。

前几日，连续写了几天 2019 年的"过往"，细数了丝丝美好，美好镶嵌在细碎的时光里，也雕刻在我们曾一起写下的日常里。但，又有谁曾知道，看似美好的过往，并不是出现时本就美好的。比如，面对幼教的对外拓展时，摆在眼前的困难和挑战数不完、理不尽；比如，面对新学期的到来时，面对的现实与理想中的预期，一言难尽；比如，面对芝麻街、数学绘本的创新时，未来会是什么样，不可预知；比如，面对承办一场活动时，多少人从黑夜忙到了天亮；比如，面对新团队的组建时，多少人在黑夜里辗转难眠；比如，面对突如其来的挑战，甚至都来不及思考怎么办，等等。

走到 2019 年的最后一天，再回头望时，却发现，那些所谓的"困难""挑战""难眠"等都是生命中的礼物。因为，在一个又一个困难面前，更多的人学会了担当，也学会了勇敢站出来；也因为，踏着那些"泥泞"走到今天，双脚才有了立在大地上的感觉；更因为，我们经历了"在事上磨炼""在事中精进"的亲身体验。所以，在这岁末年尾，也似乎渐渐明白：人生最重要的，不是做对了选择，而是面对每一个可选的、不可选的选择，都努力把它变为好的选择。

在 2019 年最后一天的 16：30，学校里中层干部团队齐聚国旗广场前，与每一辆校车挥别，与满载而去的孩子们作别，一起作别的，还有 2019 年。在 2019 年，我们曾挥洒下的汗水、滴下去的泪水都丰盈了过往的行囊。此刻，带上鼓鼓的行囊迈向崭新的 2020 年，一切都值得期待！

2020 年，会遇上什么新的事物？会经历怎样崭新的经历？会面对什么样无法想象的未知？为迎来哪些新的挑战？都无法预知。但，丝毫不影响期待全新的开始。因为，我们期待的是无法预知的一切，还有期待着一群人一起把每一个可选择的、不可选择的选择都变为"好的选择"。

加油呀！崭新的一年！

战

第八篇，以《战》为题，继续回眸 2019，细数一下我们走过的那些岁月故事。

年年岁岁花相似，岁岁年年人不同。崭新的一天，崭新的一年，伴随着这样美好一天的开启，原本相同的人，却也变得不再相同。这份不同里，不是人"换"了，而是心境、心态有了新的不同。

就拿我来说吧！在刚刚过去的 12 月里，曾打出了一篇《精进打卡，让我战胜自己》的小文，今日再回味，依然慰藉心灵。因为，"战"胜了自己，也就意味着战胜了自己最大的"敌人"。在新一年的来临之际，我还是我，但我已不再是我，只因，这份战胜里，让我的心境有了大不同。

从小到大，从古至今，关于战争的话题，耳边时常有闻，这些耳闻，让我一个没有经历过"战争"之人，也有了对战争的"恐惧"和"不安"。究其原因，似乎和耳边常听的战争故事有关。但，好在我们并没有真正遇到战争。所以，不得不说，我们这一辈是幸运的一代，也是幸福的一辈。不说战争，想聊聊战友。

战友这个词，在我们日常的生活里，还是比较容易触摸到的。记得今年国庆大阅兵，整齐的阅兵方阵，铿锵有力的展示，是成千上万战友的彰显。也曾听身边有过军营生活的前辈聊起过和战友间的点点滴滴。

从方阵上看到也好，从友人嘴中听到也罢，战友的英姿飒爽、整齐划一令我们颇受鼓舞。国庆阅兵，每一个方阵，人都不在少数，但，展示出来的，仿佛就是一个人。因为，他们有着统一的步伐，统一行进，更有着高强度、极默契的配合。而走出阅兵镜头，踏进校园，和身边的同事们一起，站在国旗前一起向着每一辆驶出校园的校车挥手告别时，我忽然觉得，我们也如同战友一般。

战友，意指战斗在一起的人。而我们，正是战斗在一起的一群人。只不过，我们的战斗没有战争，拥有和平，我们的战斗如战士一般，不为自己，是为了每一个来到艾瑞德这个校园里的孩子。每一个战友都是校园里极其重要的一分子。平日里，大家各自立足在自己的岗位上，守护着"一亩三分田"。

就如，早上醒来刷爆了艾瑞德朋友圈的生活部小惊喜；就如，报告厅里欢声笑语的跨年演出；就如，一起相约守候在电视机旁看同一个跨年节目；就如，默默打扫好每一间教室。必要时，大家也会集体亮相，展示属于我们的"一张牌"，就如国庆阅兵一样，隆重而又庄严。

人们常说"商场如战场"，而校园又何不是"教育的战场"呢？在这场"教育的战场里"，我们同是教育战场的守护者，就如同战士守护国家、守护人民一般，我们也有要守护的，就是我们这方土地上的"场"。

我想，期望这方"战场"好，应该会是每一个人的心愿。因为，"战场"好，才会有"战友"好！2020，愿我们一起守护这方战场：好！

瞻

第九篇：《瞻》。

站在年末岁尾，总会有那么一个词伴随在每个人的左右——"瞻前顾后"。而近几天的朋友圈里、新闻推送里、各个公众号里，似乎也都在都用这种方式来回首过往、瞻望未来。回首，有成长；瞻望，有方向。可谓是人生之幸事也。站在艾瑞德的坐标系上，不得不赞叹，一系列的"高瞻远瞩"把我们带向了如此般的今天。

2011 年，孙银峰董事长打造艾瑞德教育，随之而诞生的，还有自然生长教育。走至今天，当我们的教育迎来"五育并重""五育融合"之时，却也发现，"自然生长"带领我们起步在前。

2013 年，结合自然生长教育理念而重磅打造 300 亩的教育农场，恰与今日五育之"劳"有了高度的吻合，以至于当我们的田园课程亮相珠海教博会时，频获赞扬，以至于在首届五育融合论坛上，被李政涛博士多次"点名"，作案例分享。

2017 年，李建华校长的到来，曾在构建三年规划中提出"郑州闻名、中原知名、全国有名"的目标。而站在三年即将到来的节点，再回看这一切，仿佛，曾看似"遥不可及"的梦想，今日也"渐近身边"。

重磅有力的时间节点，一次又一次带着我们走向了现在。不得不说，孙董也好，李校长也罢，都是我们身边"高瞻远瞩"之人。也正是因为有了他们的提点，"我们"的今天才有了"绚烂"。

立足现在，瞻望未来，要从脚下的每一步说起。"走自然生长教育之路，办有温度有故事学校"，一如既往是我们瞻仰的旗帜；一群人、一件事、一起走，是我们用脚步在努力书写的模样；做"四有教师"是艾瑞德人的追求，培养"四有儿童"是我们努力的方向；坚守好三观、做好四人，是架起过往、现在、未来的桥梁；教师成长五件套、学生成长六个一，绘制着师生的欢畅。

关于过往，已有数遍回忆，而面向未来，我们又该面向何方？此刻，站在新一年的起点，更为幸运的是，也站在了一篇又一篇的新年贺词出炉时。高瞻远瞩的习主席引领着时代的脚步；一场精彩的跨年演讲，让我们都努力成为"躬身入局"的做事之人；未来，似乎在闪闪发亮。

今天，用《瞻》迎来一连串同音字打卡的收官。收的，是对 2019 年的回望和留恋；"瞻"的，是一望无际的未来。同时，也借以《站》《绽》《盏》《赞》《展》《辗》《崭》《战》《瞻》献礼艾瑞德，祝福艾瑞德教育在第九个年头里，有更多可站之台、绽放之花、盏亮之灯、赞扬之情、舒展之人、辗转之路、崭新突破、战绩赫赫、瞻仰之实。

1000多个日夜，131余万字，厚厚几本《月光集》堆积眼前。第一次，我感动了自己。

这是一条坚持精进的路、记录校园日常的路，也是捡拾校园鹅卵石的路。最终，在大浪淘沙式的筛选、逐文逐字的校对中，汇集成了这本仅有总字数十分之一的书。

回想最初写日精进的那日，在李建华校长的建议下，迈出了记录日常琐事的第一步，于是，从下班归家一直抠文码字至凌晨才艰难结束。流水账的文字，写下的是一日缩影，虽简单却也写得辛苦。渐渐地，我尝试调整写作，以记录发生在幼儿园里的故事为主，一个个发生在身边的小故事串联出了美好的日常。

2021年是艾瑞德国际学校建校十年，梳理艾瑞德教育一路前行的脚步，凝聚汇总并出具十本校园专著成了重要的生日礼物。很幸运，《幼儿园里的小美好》成为其中之一。

这是一本记录幼儿园日常琐事的书，没有晦涩的大道理，也没有空洞的说教。有的是校园内外我和孩子、老师、家长间的小故事。

记录近4年，未曾想过它会以一本书的形式与大家见面。借整理书稿，回看一路走来的文字，不免感慨万千。我不是一个专业的写手，也不善于咬文嚼字，从书中就可看得出，叙述与记录是唯一的脉络线。而也正是这一个又一个"接地气"的小故事，铸就了这本书的"朴实"。

透过文字不难发现，"不喜欢用宏大的话语说教育"是生活在艾瑞德国际幼儿园老师们的共有特性。

而我们也深以为：教育是一门接地气的哲学。在做中精进、在做中积累，终有一日行动之中会淬炼出教育的真知。就如我这份"日精进"一样，日常琐事里，渗透着师生关系、生生关系、师师关系、群干关系最本真的样子。

这本书是我的日常记录，但在某种意义上，也早已成了向外诉说艾瑞德幼教的一个窗户。透过这个窗户，能看到艾瑞德校园里孩子的故事、老师的故事、师生间的故事，等等。时常，我还会借助这个窗户与老师们"谈话"。通过文字传达一份鼓励与看见，也借助文字表达一份认可与肯定。

当然，我也会借助这个窗户记录展示在校园奔跑的孩子。幼儿园是最容易被遗忘的阶段，而有了文字的记载，也让幼儿园里的美好生活有处可循。

我个人认为，如果把一个人的一生比喻为参天大树，那么幼儿园阶段就是向下沉潜扎根的生长初期。一棵树、一株苗，后期的生长皆离不开发达的根须。所以，如何让根须有力在泥土中蔓延？如何让根向下沉潜？我想，除却必要的阳光雨露，少开发的保护也必然是核心要素之一。

在郑州艾瑞德国际幼儿园，我们致力于保护、呵护孩子的向下沉潜，不过度开发，不拔苗助长。就如这每一个真实记录的故事，皆是生活的化物，将童年最本真的生长状态记录。

当然，校园内丰富多彩的活动，也皆以幼儿兴趣为抓手，以探究万事万物的奥妙为路径铺展开，致力于让每一位孩童在有温度有故事的环境中自然生长。

幼儿园的美好日常里，还隐藏着我的一些小小管理心得，那是与一群人共识、共事、共商、共情之后的共舞。从提笔写日精进至筹备此书，经历了无数个阶段。被李建华校长的助推，被李冲锋博士的点燃，是促使这本小美好成型的重要因素。而一路走来，每每想放弃时，与陈琳主任的聊天也总能激发再次的斗志昂扬。如此，才得以在这条路上继续码字。

其间，还经历了十月怀胎、一朝分娩，月子里未间断的坚持曾一度成了众人学习的榜样。榜样不敢当，只是觉得当一件事在生活中形成了习惯，也就有了势不可挡的奋进脚步。

奋进的脚步里，是数不清的支持，在此一并感谢：

感谢郑州艾瑞德国际学校孙银峰董事长对于一路成长的我们支持和关爱、肯定与鼓励。

感谢一路走来陪伴左右一起坚持写作前行的李建华校长、刘浩然校助、龚涛校助及众多校园伙伴，她们是我持续的动力。

感谢妈妈对我这一路走来的支持，带娃顾家，让我有充裕的时间任由自己支配。

感谢我的先生孙齐军对我工作的支持和理解，从不因为我的忙碌而有不悦。感谢我的儿子孙浩慈、孙浩善，他们的到来，让我的生活忙并快乐着。

感谢艾瑞德国际幼儿园里同行的每一位老师，大家是故事的缔造者、分享者，甚为编写者。

感谢走进艾瑞德国际幼儿园的每一位孩子，他们是上天赐予这所幼儿园最好的礼物。

感谢与韩董馨、符君、苗玲玲一起搭班的日子，一起走过每一个小美好的日常。

感谢此书的校园责任编辑符君主任，她对此书的付出甚超于我，铭记于心，勠力同行！

2021.3

○ 花的念想：幼儿园里的小美好 ●